Coctelería

Editado por:
EDITORIAL FAE, S.L.U.
Correo electrónico: editorial@editorialfae.com

Coctelería

1ª Edición

ISBN: 978-84-1135-355-7

Impreso en España

Índice

U. A. 1. Explicación de la coctelería: orígenes, diseños y utillaje

U. A. 2. Diseño de la oferta de bebidas

U. A. 3. Explicación de la cristalería: tragos cortos y largos

1. Uso de los utensilios propios de la coctelería

2. Descripción de clases de vasos

3. Montaje de la estación de coctelería. Identificación de los elementos y utensilios utilizados en coctelería

RESUMEN

GLOSARIO

EJERCICIOS DE AUTOEVALUACIÓN

U. A. 4. Relación de las normas para el servicio: bases; series y cócteles internacionales

Introducción

Objetivos

1. Descripción de las normas básicas y mecanismos generales en coctelería

2. Explicación de la coctelería por bases

RESUMEN

GLOSARIO

EJERCICIOS DE AUTOEVALUACIÓN

U. A. 5. Explicación de la coctelería por series

Introducción

Objetivos

1. Definición de coctelería por series

2. Clasificación

3. Elaboración de recetario

RESUMEN

GLOSARIO

EJERCICIOS DE AUTOEVALUACIÓN

U. A. 6. Realización de la decoración de cócteles y bebidas

Introducción

Objetivos

1. Descripción de las normas de decoración de cócteles y bebidas

2. Uso de los utensilios y herramientas para la decoración de bebidas

3. Identificación de frutas y otros alimentos utilizados para la decoración de cócteles

RESUMEN

GLOSARIO

EJERCICIOS DE AUTOEVALUACIÓN

Aplicaciones prácticas

Ejercicio de evaluación final

Solucionario

Bibliografía

Índice

U. A. 1. Explicación de la coctelería: orígenes, diseños y utillaje

Introducción

La coctelería, más que una técnica de mezcla de bebidas es un arte con siglos de historia, evolución e innovación. Desde los primeros registros en tabernas estadounidenses hasta las creaciones vanguardistas de la mixología moderna, esta disciplina ha pasado de ser una práctica rudimentaria a una experiencia sensorial refinada.

En esta unidad exploraremos los orígenes históricos de la coctelería, el nacimiento de los cócteles y combinados, y su impacto cultural y profesional hasta la actualidad.

Objetivos

- Conocer el origen histórico y evolución de la coctelería.
- Diferenciar entre cóctel y combinado.

1. Descripción de los orígenes históricos

El origen de la coctelería es muy confuso, hay diversas historias en relación a su origen y evolución, por lo que a continuación se describen algunas de ellas.

Una de las versiones data de la época de la guerra de la Independencia de EE.UU. Trata sobre la historia de la camarera Betsy Flanagan, quien trabajaba en una taberna en Washington. En una ocasión para la celebración de la victoria de una batalla preparó un manjar con pollos y para acompañarlo hizo un ponche y lo decoró con plumas de los animales, lo que condicionó que se brindará al grito de "Viva el cocktail".

Otra de las historias procede de las peleas de gallos que se realizaban en EE. UU., donde hacían que los gallos bebiesen un brebaje con el objetivo de enfurecerlos antes de las peleas. Al brebaje lo llamaban "cocktail".

En 1632 apareció una carta escrita por Robert Adams, un comerciante inglés, que decía "beber ponche sin mesada", siendo una de las primeras referencias escritas de las que se tiene constancia.

A finales del siglo XVIII, en una botica de la calle Royal de Nueva Orleans, podríamos encontrar otro de sus posibles orígenes. Antoine Amadae-Peychaud, un inmigrante francés, preparaba unas mezclas de bebidas y especias que se tomaban para curar dolencias y se servían en unos vasos para colocar los huevos, conocidos como *coquetiers*.

En cuanto a la primera definición que consta por escrito, aparece por primera vez en 1806, en el periódico *The Balance and Columbian Repository*: "El *cocktail* es una mezcla estimulante a base de un alcohol, amargos, azúcar y agua".

Importante

El cóctel **Old Fashioned** se asocia a esta época y muchos expertos en coctelería lo reconocen como el primer cóctel de la historia.

No sería hasta 1862, cuando Jerry Thomas, conocido como "el Profesor", y reconocido como el padre de la coctelería moderna, editó y publicó el libro de *The Bon Vivant's Companion or How to mix drinks*, que en español sería *Cómo mezclar bebidas, o la Guía del Bon Vivant*. En el libro quedaron reflejadas más de 200 recetas que hoy día siguen siendo fundamentales, lo que provocó que EE. UU. se convirtiera en la cuna de la coctelería.

En 1900 llegaron los cócteles a Europa. Estos eran servidos en los "bares americanos".

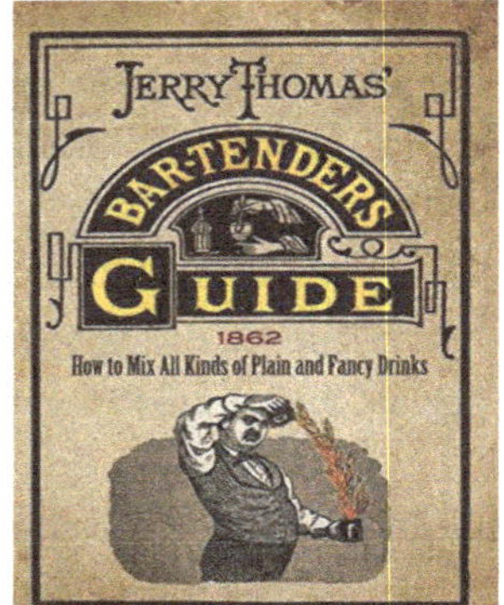

Fig. 1. Portada del libro de Jerry Thomas

Los primeros establecimientos surgieron en Gran Bretaña, Austria y Francia, desde donde comenzaron a expandirse por el resto de países. En Paris, resaltó el barman Louis Fouquet, en Inglaterra Leo Engel, y Adolf Loos en Viena.

A raíz de la Ley Seca en EE. UU. en 1920, en la que se prohibió la venta de bebidas alcohólicas, los cócteles adquirieron la fama que se merecían. Durante el periodo que duró esta ley, las mafias comercializaban con bebidas alcohólicas, pero su calidad dejaba mucho que desear, lo que provocó que comenzaran a mezclarse bebidas para enmascarar el sabor.

En España fue inaugurada la primera coctelería en 1931. Perico Chicote fue el barman que la regentó y le dio el nombre de "El Museo Chicote", aunque era más bien conocido como "El Bar Chicote".

Saber más

Pedro Perico Chicote, conocido como Chicote, fue y es uno de los iconos de la coctelería en España. Autor de varios libros relacionados con la coctelería: *Mis 500 cocktails*, *La ley mojada*, *Cocktails mundiales*, *El bar en el mundo y pequeña historia de mi museo*, *Vinos españoles y sus mezclas* y *El bar americano en España*.

En su establecimiento de la Gran Vía de Madrid, El Museo Chicote llegó a servir a celebridades tan importante de la época como Frank Sinatra, Ava Gardner y Sofía Loren, entre otras.

En 1951 se fundó la *International Bartenders Association* (I.B.A). En la actualidad es la asociación más importante en el mundo de la coctelería. En su web se recogen las recetas originales de los cócteles internacionales y de reconocido nombre más destacados, ya que uno de los objetivos principales de esta asociación es la de estandarizar las recetas. Está compuesta por miembros de países como Argentina, Alemania, Italia, Francia, etc. En España, está la Federación de Asociaciones de Bármanes Españoles (FABE), que trabaja en colaboración con I.B.A.

2. Introducción a los cócteles y combinados

La primera pregunta que podríamos plantearnos es: ¿qué son los cócteles y cuál es el origen de esta palabra? Diversas son las respuestas que podemos recibir en función de a quién se le pregunte y dónde busquemos información.

Una de las respuestas más influyente es que la palabra cóctel procede del anglicismo *cocktail* que significa cola de gallo.

Fig. 2. Ejemplo de cóctel Martini

Un **cóctel** es una bebida preparada mediante la mezcla de diferentes ingredientes, que pueden incluir licores, zumos, frutas, hierbas, especias, y otros aditivos. Su objetivo es lograr una combinación armónica de sabores, aromas, colores y texturas.

Desde el ámbito de la gastronomía entendemos por cóctel la combinación de dos o más bebidas para conseguir una nueva con características organolépticas diferentes, pero guardando armonía entre todos sus componentes.

Por otro lado, un **combinado** es una bebida que se prepara al mezclar una bebida alcohólica base con un único acompañante no alcohólico, generalmente sin técnicas elaboradas ni ingredientes adicionales. Es una forma directa, rápida y accesible de disfrutar del alcohol sin recurrir a cócteles complejos.

Sus características principales son:

- **Simplicidad:** solo se necesitan dos ingredientes principales.
- **Velocidad de preparación:** no requiere coctelera ni utensilios especializados.
- **Popularidad:** muy comunes en bares, discotecas y reuniones sociales.
- **Proporciones variables:** suelen adaptarse al gusto del consumidor (más o menos alcohol).

¿Y qué diferencia existe entre un cóctel y un combinado? El primero suele tener una receta más elaborada, con múltiples ingredientes cuidadosamente medidos y técnicas específicas de preparación (agitado, mezclado, colado, flameado, etc.). Por su parte, el combinado es más simple, generalmente implica mezclar un licor base con un solo acompañante (por ejemplo, ron con cola, whisky con soda).

Ambos conceptos se usan en **coctelería,** que es la técnica de preparar bebidas mezcladas, combinando diferentes ingredientes como licores, zumos, frutas, especias, siropes y otros elementos, con el fin de lograr una bebida equilibrada en sabor, aroma y presentación.

Vocabulario

En la RAE encontramos dos significados para la palabra **coctelería**:

1. f. Arte de preparar cócteles.
2. f. Establecimiento especializado en la preparación y en el servicio de cócteles.

Este arte va más allá de simplemente mezclar líquidos, también implica creatividad, precisión, conocimiento de ingredientes y, cada vez más, una presentación visual atractiva.

Objetivo

Crear una experiencia sensorial única, equilibrando sabor, aroma, temperatura, textura y estética en cada bebida.

Los cócteles se pueden clasificar de varias formas, la principal es:

- **Coctelería internacional o clásica.** Son los cócteles obtenidos del recetario internacional, es decir, los cócteles de "toda la vida": Manhattan, Bloody Mary, Mojito y Old Fashioned, entre otros.

- **Coctelería de autor o actual.** Es en la que el bartender realiza cócteles utilizando recetas propias y/o técnicas de elaboración actuales con el objetivo de descubrir nuevos sabores, aromas, texturas y presentaciones. Con el paso del tiempo algunos de estos cócteles pueden acabar en el recetario internacional.

Además, también se pueden clasificar según el criterio que se tenga en cuenta. Veamos algunas de estas clasificaciones.

Según el momento de su consumo:

- **Aperitivos**. El amargor es su sabor predominante, ya que su objetivo es el de abrir el apetito. Ejemplos: Manhattan, Negroni, Dry Martini, etc.
- **Sobremesa**. Cócteles que suelen tener agentes grasos como nata o huevo. Ejemplos: Alexander, Grasshopper, etc.
- **"Para cualquier momento"**: Mojito, Zombie, Caipirinha, Margarita, etc.

Según el contenido en azúcar:

- **Secos.**
- **Semisecos.**
- **Dulces.**

Según el tamaño:

- *Short drinks*. Cócteles servidos en recipientes de tamaño reducido.
- *Long drinks*. Bebidas servidas en vasos *long drinks*. En la mayoría de los casos se terminan con alguna bebida refrescante o jugos de frutas.

Según sus propiedades:

- **Refrescantes**. Su objetivo es el de saciar la sed y refrescar. En muchos casos son cócteles que se terminan con alguna bebida carbonatada, por ejemplo, el Mint Julep.
- **Nutritivos o reconstituyentes**. Suele componerse de algún ingrediente nutritivo, como por ejemplo el Bloody Mary, que es el zumo de tomate.
- **Digestivos**. Son cócteles cuyos ingredientes tienen alguna propiedad que ayuden a realizar la digestión. En ocasiones son cócteles que tienen licores de hierbas o plantas aromáticas.

<u>Según su contenido alcohólico:</u>

- **Con alcohol.**
- **Sin alcohol.**

<u>Según su temperatura:</u>

- **Cócteles fríos.**
- **Cócteles templados.**
- **Cócteles calientes.**

Fig. 3. Ejemplo de cóctel caliente:
Irish Coffee o café irlandés

Otra de las clasificaciones de los cócteles es la ofrecida por la web oficial de la *International Bartender Association (I.B.A):*

- ***The Unforgettables* (Los inolvidables).** Bajo la voz de *The Unforgettables* todas esas recetas clásicas inolvidables que representan la biblia de los orígenes de los combinados con una distribución mundial consolidada.

- ***Contemporary Classics* (Clásicos contemporáneos).** Las creaciones de cócteles clásicos más nuevas diseñadas en una era contemporánea que, hasta el día de hoy, siguen siendo populares en todo el mundo como un símbolo de bebida de clase y prestigio.

- ***New Era* (Nueva era).** Los cócteles más modernos y actualizados creados por bartenders de nuestra generación a nivel internacional. Son creativos, revolucionarios y espectaculares en su creación.

Sugerencia

Si alguna vez tienes dudas sobre la receta original de algún cóctel tradicional o algún cliente demanda un cóctel que no tengas en carta, acude a la web oficial de I.B.A.

Por otra parte, una de las principales características a tener en cuenta en la coctelería es que para la elaboración de cada cóctel debemos de atender a los siguientes puntos clave para lograr una elaboración y servicio satisfactorios:

- El método de elaboración que requiere el cóctel.
- Los materiales necesarios para su elaboración.
- La composición de la mezcla, es decir, sus ingredientes.
- El tipo de cristal o recipiente donde se sirve.
- La decoración debe ser considerada como un ingrediente y debe ser atractiva.

Por ello, existen unas figuras profesionales relacionadas con la coctelería que son fundamentales:

- **Camarero/a**: su función principal es la de atender a la clientela en el servicio de alimentos y bebidas, haciéndolo tanto en mesa como en barra, ya sea en un restaurante, bar, discoteca, mesón, cafetería y otros similares.

- **Barman/Barmaid**: se encarga de la atención a la clientela en el servicio de alimentos y bebidas, detrás de la barra, en los diferentes establecimientos de restauración.

Fig. 4. Barmaid

- **Bartender**: se considera así a la persona experta en el servicio y atención a la clientela tras la barra. Dotada de amplios conocimientos sobre los diferentes productos utilizados en la coctelería y con unas habilidades y destrezas diferenciadoras en el servicio de las bebidas.

- **Flair bartender:** se denomina así al bartender que, además de lo anterior, ofrece espectáculos; entre otras cosas, acrobacias con las botellas durante el proceso de elaboración de los cócteles. El objetivo principal es hacer que la clientela se divierta mientras esperan su bebida.

- **Mixólogo/a**: es la persona experta en mezclar bebidas y otros ingredientes, es decir, es el o la especialista en crear cócteles. En algunas coctelerías u otros establecimientos especializados en los cócteles, es habitual que haya un departamento de I+D (Investigación y Desarrollo), donde esta figura inventa y crea nuevas recetas y mezclas.

 **Anotación**

Un bartender no solo sirve copas; es un experto en sabores, técnicas y servicio. El mixólogo, por su parte, se enfoca más en la experimentación y creación de nuevas recetas, como un chef de cócteles.

 **Novedad**

Entre las barmaid y los bármanes más representativos en España hoy en día destacan Juan Valls, Adriana Chia, Javier de las Muelas, Ana Gracia Jiménez, Marc Álvarez, Carolain Spencer, Diego Cabrera, Inés Martínez de la Torre, Borja Cortina y Patxi Troitiño, entre otras y otros.

Resumen

La coctelería tiene orígenes inciertos, pero con múltiples relatos que la vinculan con eventos históricos como la guerra de Independencia de EE.UU., las peleas de gallos, boticas francesas del siglo XVIII y publicaciones periodísticas. A lo largo del tiempo, figuras como Jerry Thomas y Pedro Chicote fueron clave para profesionalizarla. La Ley Seca en EE.UU. también impulsó su expansión internacional.

Hoy día, se distingue entre cócteles (más elaborados y variados) y combinados (más simples y rápidos). La coctelería moderna se clasifica en internacional o de autor, y depende de profesionales como camareros/as, barman/barmaid, bartender, flair bartender y mixólogos. Cada uno cumple un rol en el servicio, preparación y desarrollo creativo de las bebidas. Además, asociaciones como la I.B.A. han estandarizado recetas a nivel global.

Glosario

Coctel

Bebida elaborada con la mezcla de varios ingredientes, como licores, jugos, frutas, especias, etc., buscando un equilibrio en sabor, aroma y presentación.

Coctelería de autor

Estilo creativo de coctelería en el que se emplean técnicas modernas e ingredientes innovadores para crear recetas originales.

Combinado

Bebida simple compuesta por una base alcohólica y un único ingrediente no alcohólico (ej. ron con cola).

Flair Bartender

Bartender que realiza acrobacias y espectáculos durante la preparación de cócteles para entretener a la clientela.

Mixólogo/a

Profesional especializado en la creación y experimentación de nuevas mezclas y recetas en coctelería.

Ejercicios de autoevaluación

1. ¿Cuál es uno de los posibles orígenes del término "cocktail"?

    a. La palabra italiana "cotta".

    b. Una mezcla servida con plumas de gallo.

    c. Un tipo de licor americano.

2. ¿Quién fue considerado el padre de la coctelería moderna?

    a. Perico Chicote.

    b. Jerry Thomas.

    c. Louis Fouquet.

3. ¿Qué diferencia principal existe entre un cóctel y un combinado?

    a. El cóctel tiene más ingredientes y preparación técnica.

    b. El combinado siempre se sirve en copa alta.

    c. El combinado lleva frutas obligatoriamente.

4. ¿Qué evento impulsó la fama de los cócteles en EE.UU.?

    a. La llegada de los bares americanos a Europa.

    b. La Ley Seca de 1920.

    c. La Segunda Guerra Mundial.

5. ¿Cuál es el objetivo principal de un cóctel?

    a. Elevar el precio de las bebidas.

    b. Ocultar el sabor del alcohol.

    c. Crear una experiencia sensorial equilibrada.

6. ¿Qué bebida se considera el primer cóctel de la historia?

    a. Manhattan.

    b. Martini.

    c. Old Fashioned.

7. ¿Qué figura profesional realiza espectáculos mientras prepara bebidas?

    a. Barman.

    b. Flair bartender.

    c. Mixólogo.

8. ¿Cuál fue la primera coctelería de España?

    a. El Club del Cóctel.

    b. Museo Chicote.

    c. Café Gijón.

9. ¿Qué organización agrupa a los países con recetas estandarizadas de cócteles?

    a. I.B.A.

    b. O.N.U.

    c. FABE.

10. ¿Qué utensilio NO es indispensable para preparar un combinado?

    a. Coctelera.

    b. Vaso mezclador.

    c. Cuchara.

U. A. 2. Diseño de la oferta de bebidas

Introducción

Diseñar una oferta de bebidas en coctelería va más allá de listar cócteles populares. Es un proceso que combina creatividad, conocimiento técnico, análisis de rentabilidad y orientación al cliente. La calidad de los ingredientes, la variedad en los productos, la adecuación al público objetivo, y la formación del personal son claves para construir una propuesta sólida, atractiva y rentable.

Esta unidad analiza todos estos elementos, desde los zumos hasta los aperitivos, bebidas blancas, vermuts y destilados más comunes.

Objetivos

- Identificar los componentes esenciales en la creación de una oferta de bebidas en coctelería.
- Diferenciar los tipos de zumos, siropes, purés y bebidas refrescantes.
- Reconocer las principales bebidas aperitivas: amargos, anisados y vermuts.
- Clasificar las bebidas blancas y su aplicación en coctelería.
- Analizar la importancia del diseño de la carta de cócteles, su presentación y rentabilidad.

1. Descripción de los elementos básicos

Diseñar una buena oferta de bebidas en coctelería requiere mucho más que elaborar un listado de tragos conocidos. Es una tarea que debe equilibrar creatividad, rentabilidad y experiencia del cliente.

Por ello, hay que tener en cuenta algunos elementos clave en el diseño de la oferta de bebidas en coctelería.

En primer lugar, contar con una **selección de bebidas base.** Se debe contar con una variedad equilibrada de destilados y licores base para crear diversidad sin complicar demasiado el inventario, como:

- Ginebra.
- Vodka.
- Ron (blanco y oscuro).
- Tequila.
- Whisky o bourbon.
- Brandy o coñac.

También es necesario contar con **ingredientes complementarios.** Tener una gama de mixers y productos frescos que complementen los licores como los que se mencionan a continuación.

A. Frutas y hortalizas: jugos o zumos

Por zumo se entiende el jugo obtenido al triturar, licuar o exprimir frutas y/o vegetales sanos, limpios y maduros. Son bebidas muy beneficiosas para la salud por su alto contenido vitamínico.

Las frutas y hortalizas utilizadas en el bar deben ser frescas, sanas y maduras. Una vez las tenemos, deben limpiarse e higienizarse adecuadamente y, posteriormente, pueden ser utilizadas para la elaboración de jugos, para las decoraciones o para la elaboración de compotas y purés, entre otras cosas.

En coctelería, si se quiere realizar un coctel de calidad que contenga jugos, estos deben ser naturales, ya que van a aportar muchas más características organolépticas a la bebida.

Aun así, diferenciamos 2 tipos de zumos: naturales y envasados.

Los zumos naturales pueden ser:

- **Exprimidos**: para obtener zumos de cítricos. Los más destacados son de pomelo, naranja, lima y limón.
- **Licuados o triturados**: para ello es necesario una batidora o licuadora (esta consigue el jugo de los vegetales más difíciles, como la zanahoria).

Por otro lado, los envasados pueden ser en cristal, *brick* o plástico (no recomendado). La legislación actual española distingue:

- **Zumo de frutas**: producto líquido obtenido únicamente de la fruta. Es el de mayor calidad. Algunos aparecen con el término "100% exprimidos".
- **Zumo de frutas a partir de concentrado**: se obtiene mezclando el zumo concentrado con agua (menos del 50% de agua).
- **Néctar de zumo**: elaborado a partir del zumo o puré de frutas (25-50% del total), agua y edulcorante.

Anotación

Zumos más característicos en el bar: naranja, limón, pomelo, lima, piña, arándanos, tomate y melocotón, entre otros.

B. Compotas, purés y siropes

Los **purés** consisten en machacar o triturar una fruta y/o verdura para obtener una materia densa. En coctelería lo común es endulzar la mezcla.

Elaboración de un puré de piña ahumada: triturar una piña, añadir azúcar moreno (cantidad según gusto y pretensiones) y calentar la mezcla para que se integren los sabores. El ahumado puede conseguirse ahumando el puré ya elaborado o ahumando previamente la piña.

Las compotas o mermeladas, similar a los purés, pero en este caso el contenido en azúcar es mucho mayor, suele supone al menos el 50% del total, por lo que el resultado es más denso.

Los siropes, también conocidos como jarabes, almíbar o *syrup*. Según la Larousse gastronomía: "los siropes son líquidos que se obtienen a partir de un almíbar aromatizado con esencias o alcoholes, o al que se ha añadido jugo de fruta o infusiones antes de proceder a una última concentración para llevarlo a la densidad requerida". El sirope base es una mezcla de azúcar y agua, que según la densidad y dulzor que deseemos tendrá una mayor o menor cantidad de azúcar.

Receta de sirope de azúcar: en un cazo se añade 1 kg de azúcar y 75 cl de agua, se calienta hasta llegar al punto casi de ebullición y durante el proceso se va removiendo la mezcla, en el caso de hervir se le puede añadir unas gotas de limón para cortar el hervor y se deja reducir hasta que observemos que el producto alcanza la textura correspondiente. Posteriormente, se deja enfriar y listo. La receta puede variar en función de la densidad que le queramos dar al jarabe de azúcar. En caso de que queramos un sirope con sabores solo hay que infusionar o macerar los ingredientes correspondientes.

Anotación

Una de las empresas que produce este tipo de productos y son de los más demandados en los establecimientos que ofrecen cócteles, es la empresa francesa Monin.

C. Bebidas refrescantes

Legislación

Real Decreto 650/2011, de 9 de mayo, por el que se aprueba la reglamentación técnico-sanitaria en materia de bebidas refrescantes.

Según el Real Decreto 650/2011, las bebidas refrescantes son las bebidas analcohólicas, carbonatadas o no, preparadas con agua de consumo humano y que contengan uno o más de los siguientes ingredientes: anhídrido carbónico, azúcares, zumos, purés, disgregados de frutas y/o vegetales, extractos vegetales, vitaminas y minerales, aromas, aditivos autorizados u otros ingredientes alimenticios. Y que no tengan más de 0,5% vol. alcohólico.

Dentro de este grupo y siguiendo las directrices del Real Decreto, las bebidas refrescantes más destacadas son:

- **Agua de seltz**: bebida constituida por agua y un mínimo de seis gramos por litro de anhídrido carbónico.
- **Agua de soda**: bebida constituida por agua y un mínimo de seis gramos por litro de anhídrido carbónico, que se caracteriza por contener bicarbonato sódico.
- **Gaseosas**: bebida incolora preparada con agua, anhídrido carbónico, aromas, azúcares y/o edulcorantes y aditivos autorizados.
- **Otras bebidas refrescantes**: la denominación genérica de bebida refrescante se podrá concretar con una denominación que se corresponda con su

composición o características. Entre otras, con carácter enunciativo y no limitativo se encuentran:

- Las bebidas refrescantes de zumos de frutas, que se caracterizan por contener zumos, purés, disgregados de frutas o sus mezclas.
- Las bebidas refrescantes de extractos, que se caracterizan por contener extractos de frutas, de otros vegetales o de ambos.
- Las bebidas refrescantes mixtas, que están constituidas por bebidas refrescantes y otros alimentos.
- Las bebidas refrescantes para diluir y los productos sólidos para la preparación de bebidas refrescantes, que serán aquellas que una vez reconstituidas cumplan lo establecido en esta disposición.
- Las bebidas refrescantes aromatizadas, que se caracterizan por contener agentes aromáticos con adición de otros ingredientes alimenticios.

Dentro de las bebidas refrescantes podemos encontrar:

- **Refrescos de jugos de frutas:**
    - Refrescos de limón.
    - Refrescos de naranja.
    - Refrescos de fresa.
    - Refrescos de lima y limón.

Entre las marcas más destacadas están Fanta®, Kas® y Schweppes®.

- **Refrescos de extractos de frutas y vegetales:**
    - Tónica: extracto de quinina.
    - Ginger Ale: extracto de jengibre y cítricos.
    - Cola: extracto de cítricos, cola y vainilla.

- **Isotónicas:** son bebidas hidratantes o deportivas, ya que su objetivo es reponer agua y sales tras la práctica del ejercicio. Compuestas con edulcorantes y sales minerales.

- **Bebidas energéticas y/o estimulantes:** bebidas con alto contenido de sustancias estimulantes, como: cafeína, taurina, ginseng, teína y guaraná. Se recomienda un consumo moderado y no mezclarlas con alcohol. Entre las marcas con más nombre encontramos Red Bull® y Monster®.

- **Bebidas *light, zero o zero-zero*:** refrescos en los que se han sustituido los azúcares por edulcorantes sin calorías, como, por ejemplo, el aspartamo. También hace referencia a la disminución o eliminación de elementos estimulantes, como la cafeína, o incluso a bebidas a las que se les ha eliminado el alcohol o gran parte de este.

- **Bitter:** son refrescos con sustancias vegetales amargas, como la genciana, el cardamomo, la quinina, el ajenjo, etc. Ideales como aperitivos.

- **Refrescos con base de té o café:** se elaboran a partir de cualquier tipo de té o café, están edulcorados y pueden ser aromatizados. Como ejemplos, tenemos el Nestea® o el Ice Tea®.

- **Bebidas vegetales:** elaboradas a partir de disgregados de tubérculos, legumbres, semillas, cereales y frutos secos. Estos productos son emulsionados con agua, azúcares y otros elementos autorizados. Hoy día, se encuentran en auge. Además, se utilizan como sustituto de la leche. Su clientela más habitual son veganos, intolerantes a la lactosa y alérgicos a la proteína de la leche. En el envase debe aparecer "bebida de….". Los ingredientes pueden ser mezclados entre sí. Son ejemplos destacados:
    - Horchata (obtenida de la chufa).
    - Bebidas de almendra.
    - Bebidas de soja.
    - Bebidas de avena.
    - Bebidas de arroz.
    - Bebidas de avellana.
    - Bebida de coco.

Fig. 1. Bebidas vegetales

Anotación

Otra opción en coctelería es la de elaborar bebidas refrescantes caseras. Para ello es necesario el uso de un sifón. Una de las principales ventajas de producir tus propias bebidas refrescantes, es que puedes controlar el nivel de dulzor y aportarle el sabor y aroma deseado.

D. Condimentos y otros ingredientes

- **Especias y aromatizantes:** cacao, canela, vainilla, romero, tomillo, nuez moscada, esencia de azahar, eneldo, enebro, hibiscos, etc.

- **Frutas y vegetales deshidratados:** para conseguir desecar adecuadamente las frutas y vegetales se requiere de una deshidratadora. Hoy día también está la opción de comprarlos ya deshidratados.

Fig. 2. Fruta deshidratada

- **Huevos:** puede utilizarse la clara o la yema o mezclados. Sí que es importante que cuando se utilicen estos productos sean pasteurizados, siguiendo las normas higiénico-sanitarias en referencia a las "buenas prácticas en la manipulación de alimentos" para garantizar la inocuidad del cóctel a elaborar.

- **Leche:** según el Código Alimentario Español es *"el producto íntegro, no alterado ni adulterado y sin calostros, del ordeño higiénico, completo e interrumpido de las hembras mamíferas domésticas, sanas y bien alimentadas"*. La denominación de leche se reserva únicamente a la procedente de vaca, para cualquier otra leche de animal, se debe designar como leche seguida de la especie. Por ejemplo: leche de cabra, de búfala o de oveja, entre otras.

Según el tratamiento térmico recibido encontramos:
- <u>Leche cruda:</u> leche que no haya sido calentada a más de 40 ºC. Y que haya sido extraída y envasada en la propia explotación.
- <u>Pasteurizada o fresca:</u> leche sometida a temperaturas aproximadas a 70 ºC durante 15 segundos. No sufre modificaciones en su composición ni en su valor nutritivo. Alta calidad. Esta es la más utilizada en coctelería.
- <u>Esterilizada:</u> 115 ºC durante 20 minutos.
- <u>UHT o uperizada:</u> se somete a temperaturas entre 130-150 ºC durante 2-5 segundos.
- <u>Otras:</u> leche concentrada, en polvo (deshidratada) y condensada.

Según el contenido en grasa y nutritivo encontramos:
- <u>Entera:</u> mínimo de 3,5% de materia grasa.
- <u>Semidesnatada:</u> entre 1,5-1,8%.
- <u>Desnatada:</u> menos de 0,5%.
- <u>Leches enriquecidas o modificadas:</u> se les adicionan nutrientes como vitaminas, calcio, fibra, omega3, etc. Entre las modificadas, la más destacada es la leche sin lactosa.

- **Nata líquida.** Principalmente son utilizadas 2 tipos en coctelería:
  - <u>Nata para cocinar:</u> tiene entre un 15% y un 18% de materia grasa, es la ideal para la elaboración de cócteles, como, por ejemplo, el Alexander.
  - <u>Nata para montar:</u> tiene un contenido en materia grasa superior al 35%, se utiliza principalmente para montar o semimontar la nata y es ideal para la terminación de algunos cócteles, como, por ejemplo, el café irlandés.

- **Crema de coco:** se elabora emulsionando el coco en agua, su resultado es cremoso. Para que su resultado sea el deseado debe utilizarse al menos un 25% de coco en la mezcla. Es uno de los ingredientes principales para la Piña Colada.

E. El hielo

Un paso importante en la evolución de la coctelería fue el descubrimiento del hielo artificial en 1834 por Jacob Perkins, un norteamericano residente en Londres.

El hielo en coctelería debe ser considerado como un ingrediente más, por lo que es fundamental que este sea de calidad; incluso para muchos es el ingrediente más importante en la elaboración de los cócteles (por supuesto, cuando nos referimos a la elaboración de cócteles fríos).

Según como utilicemos el hielo y el tipo de hielo usado, el resultado final del cóctel variará.

¿Cómo debe ser el hielo?

- Resistente.
- Compacto.
- Insípido, ya que no debe aportar ni sabor ni aromas.
- Elaborado con agua pura y sin sedimentos.
- Cristalino.
- De descongelación lenta con el objetivo de que no agüe la bebida.

Tipos de hielos:

- **Hielo en cubos o cubitos de hielo**: es el tipo de hielo más utilizado y usado. Se utiliza para enfriar cualquier tipo de bebida, además de para el uso en la elaboración de los cócteles y combinados. Para la obtención de cubitos de hielo, en muchas ocasiones en los bares se dispone de una máquina fabricadora de hielo; esta permite producir cubitos de hielo y graduar el tamaño que deseemos.

- **Hielo *fizz***: es un hielo con forma y tamaño de canica o con forma cúbica, pero de reducido tamaño. Este hielo puede enfriar muy rápido, pero también se derrite rápidamente. Está destinado al servicio de cócteles servidos en vasos tipo *long drink*.

Fig. 3. Hielo fizz

- **Hielo frappe**: a simple vista puede parecer nieve. Se consigue gracias a una picadora de hielo especializada. Es muy fácil que se derrita rápidamente. En coctelería es muy utilizado para enfriar recipientes muy rápido, y es el hielo principal para la elaboración de cócteles frozen. En muchas ocasiones, como en el caso del daiquiri, se introducen todos los ingredientes junto con el hielo en cubos en la coctelera y el resultado que se obtiene es un cóctel *frozen* por la textura que se consigue.

- **Hielo picado o pilé**: como su propio nombre indica es un hielo picado de reducido tamaño. Este es el hielo que debe utilizarse para realizar granizados. También es el hielo característico para la elaboración de cócteles como el mojito, el mai tai o la caipirinha.

- **Hielo en forma de esfera:** se elabora con unos moldes especiales para adquirir la forma esférica característica. Es ideal para servirlo en vasos *on the rock* u *old fashioned*.

- **Hielo con sabor**: son hielos elaborados con moldes y principalmente caseros. Es tan sencillo como introducir en los moldes zumos, infusiones o agua, también pueden añadirse piezas pequeñas de frutas, especias y/o hierbas aromáticas. Es una gran opción para marcar la diferencia de una manera sencilla.

Ejemplo

Un ejemplo ideal para el uso de este hielo es para servir un café. ¿Por qué no servírselo con un hielo elaborado con café? De esta manera podemos evitar que el café se agüe.

- **Hielo tallado en bloque**: es una de las técnicas en tendencia, para ello se requiere de un bloque de hielo y unos útiles característicos, como machetes y raspadores especiales. Los bloques de hielo se pueden comprar a una empresa especializada o hacerlos de forma casera con moldes grandes. Eso sí, debemos contar con un congelador de grandes dimensiones.

Fig. 4. Tallado de hielo

Anotación

En la actualidad, el tallado de hielo está considerado como un arte, siendo Japón uno de los países donde más común es.

- **Moldes de hielo**: en la actualidad hay infinidad de tipos de moldes de hielos para conseguir figuras de todo tipo. También podemos encontrarnos con vasos de hielo, claro que, si algún cóctel es servido en estos vasos, deben ser cócteles de tragos cortos o "*short drinks*".

En tercer lugar, debe haber **variedad en la carta.** La carta debe ofrecer opciones que cubran diferentes perfiles:

- Cócteles clásicos y conocidos.
- Creaciones de autor o de la casa.

- Cócteles refrescantes y ligeros.
- Tragos intensos o digestivos.
- Opciones sin alcohol *(mocktails)*.
- Algunas bebidas por categoría de base (ron, vodka, whisky, etc.).

 **Importante**

La carta no debe ser estática, es recomendable:
- Renovarla por temporadas o eventos especiales.
- Introducir nuevas creaciones según tendencias.
- Retirar lo que no rota o no es rentable.

Otro elemento clave a tener en cuenta es el **coste y la rentabilidad,** cada cóctel debe tener:

- Costo estandarizado de ingredientes.
- Precio de venta que asegure margen de ganancia saludable.
- Control del desperdicio y rotación de productos.

Además, se debe considerar la **capacitación del personal.** No sirve tener una carta ambiciosa si el bartender no puede ejecutarla bien:

Otro elemento es la **presentación y experiencia,** ya que la coctelería también entra por los ojos. Para ello, es fundamental tener en cuenta aspectos como:
- Tipo de vaso.
- Decoración y garnitura.
- Estilo visual de la carta (impresa o digital).
- Nombre atractivo y descripciones sugerentes.
- Cócteles de autor con nombre llamativo.
- Inspiración en la cultura local, temática del bar, etc.

Incluye algunas opciones que respondan a tendencias actuales:
* Opciones sin alcohol o bajas en alcohol.
* Cócteles con productos locales o de temporada.
* Prácticas sostenibles: evitar pajillas plásticas, usar ingredientes reutilizables (como siropes de cáscaras, etc.).

2. Identificación de aperitivos amargos, anisetes y vermuts

Las bebidas aperitivas o simplemente aperitivos son bebidas que se consumen antes de una comida principal con el objetivo de estimular el apetito. Suelen tener sabores ligeramente amargos, secos o aromáticos, que preparan el paladar para disfrutar mejor de los alimentos.

Son bebidas alcohólicas o no alcohólicas que se toman antes de comer, en reuniones sociales o como parte de la cultura gastronómica. El término proviene del latín *aperire,* que significa "abrir", en este caso "abrir el apetito".

Características comunes:

* Suelen tener una graduación alcohólica baja a media (entre 15 % y 25 %).
* Sabor amargo, seco o especiado, que ayuda a activar las papilas gustativas.
* Se sirven fríos o con hielo, en pequeñas cantidades.
* Algunas versiones modernas incluyen cócteles ligeros o incluso aperitivos sin alcohol.

Para elaborar cócteles de aperitivo atenderemos la composición principal que deben tener los cócteles, pero resaltando sustancias o condimentos que le aporten un sabor amargo al resultado final:

- **Base.** En el caso de ser un cóctel con alcohol podremos utilizar de base aguardientes, vinos, bitters, licores o vinos aromatizados, como vermú, vino quinado o americano. En el caso de cócteles aperitivo sin alcohol, podremos utilizar jugos y/o purés de naranja, piña, plátano, tomate, pomelo, zanahoria, té, café, entre otras muchas. Suele representar entre el 50-60% del total.

- **Modificador.** Como su propio nombre indica, es el componente que va a modificar el sabor de la bebida base y suelen ser aromáticos. En este caso suele suponer entre el 20-40%. En este caso destacamos:
  - Vermú.
  - Licores.
  - Bitters o amargos.

- **Corrector.** El objetivo es rectificar la bebida en cuanto a sabor, aroma, color, contenido alcohólico, densidad y/o textura. Estos suelen suponer alrededor del 10%. Correctores más característicos:
  - Bebidas refrescantes como la tónica o soda.
  - Zumo de pomelo.
  - Condimentos y especias: tomillo, romero, enebro, eneldo y genciana, entre otros.

Anotación

Los aperitivos suelen acompañarse con picoteo ligero, como:
- Aceitunas.
- Quesos suaves.
- Frutos secos.
- Tostas, embutidos o tapas pequeñas.

A. Bitters o amargos

Los bitters o amargos son bebidas espirituosas en las que predomina un sabor amargo. Muy utilizados en la elaboración de cócteles de aperitivo.

Entre los agentes amargos más característicos que se utilizan para conseguir que la bebida sea amarga encontramos: quinina, cáscara de cítricos, raíz de genciana, artemisa, corteza de casia, zarzaparrilla, ajenjo, alcachofa, corteza de árboles (cola, roble, pino), hierba del sapo y salvia, entre otros muchos.

Tipos más destacados:

- **Amer Picón**: original de Bélgica, es un aguardiente de vino macerado con naranjas, quinina y genciana, entre otras. El servicio característico de esta bebida es el famoso Amer Punch (Amer picón con cerveza).

- **Aperol**: original de Italia, producido por la empresa de Campari. Los ingredientes principales de esta bebida son la genciana, la quina, la naranja amarga y el ruibarbo. Su servicio más característico es el que le da nombre al Apperol Spritz.

- **Angostura**: original de Trinidad y Tobago. Elaborado con una base de ron y especias variadas, las cuales son secretas. También existe la versión de angostura naranja, cuyo ingrediente predominante son las cáscaras de las naranjas amargas.

- **Beerenburg**: amargo holandés elaborado con alcohol neutro macerado que contiene como aroma específico el destilado de raíces de genciana, bayas de enebro y hojas de laurel.

- **Campari**: original de Italia, es elaborado con alcohol neutro macerado con cortezas de naranjas amargas y quinina. Es un clásico tomarlo con zumo de naranja.

- **Cynar**: alcohol macerado con alcachofas y hierbas, original de Italia.

- **Fernet Branca:** amargo italiano elaborado con alcohol vínico macerado con hierbas y añejado en toneles de roble de seis a doce meses.

- **Palo mallorquín:** D.O.P. Palo de Mallorca, elaborado a partir de alcohol neutro macerado con genciana, quina y aderezado con azúcar quemado.

Fig. 5. Cynar

B. Bebidas anisadas

Las bebidas anisadas son bebidas espirituosas con un sabor anisado característico.

Se elaboran aromatizando alcohol etílico de origen agrícola con extractos naturales de anís estrellado, anís verde, hinojo o de cualquier otra planta que contenga el mismo constituyente aromático principal, para ello se siguen los mismos pasos de elaboración que los licores.

Según su contenido en azúcar son clasificados en:

- **Extraseco**: menos de 50g/L y entre 50% y 55% vol. alcohol.
- **Seco**: menos de 50g/L y entre 35% y 50% vol.
- **Semidulce**: 50 g/L-200 g/L.
- **Dulce**: más de 200 g/L.
- **Escarchado**: sobresaturación de azúcar.

Tipos más destacados:

- **Absentha:** uno de los anisados más famosos es la absenta, también conocido como Hada Verde, original de Francia. Elaborado con alcohol neutro, ajenjo, anís e hinojo.

Fig. 6. Servicio de absenta

- **Anís:** el aroma característico proviene exclusivamente del anís verde y/o del anís estrellado y/o del hinojo.

- **Pastis:** con extractos de regaliz. Destaca el Pastis de Marseille.

- **Pernod:** se obtiene por la destilación del anís estrellado y se mezcla con plantas como la menta o el cilantro.

- **Ricard:** es el más consumido en Francia.

- **Mastika:** anisado original de Grecia.

- **Ouzo:** anisado griego, notas a regaliz.

- **Sambuca:** anisado italiano, muy utilizado para aromatizar el café.
- **Anís escarchado:** anisado portugués.

- **Raki:** anisado turco.

- **Anises españoles destacados:** Cazalla, Chinchón y Rute.

C. Vermuts

Los vinos aromatizados son aquellas bebidas obtenidas a partir de vinos blancos, rosados o tintos; aportando al menos un 75% del total, a las que puede añadirse alcohol, colorantes, mosto de uva, mosto de uva parcialmente fermentado o ambos, que pueden haber sido edulcoradas y cuyo grado alcohólico está entre 14,5 % y 22 % vol.

La aromatización puede ser realizada directamente en el vino y/o ser aportada por medio del alcohol añadido. En algunos casos se añade caramelo para aportar color a la bebida y pueden ser envejecidas (al menos 6 meses en el caso del vermú).

Sustancias vegetales características en la aromatización: cáscara de cítricos, ajenjo, cardamomo, enebro y canela, entre otros.

El vermú es el vino aromatizado más conocido y consumido. Es de origen italiano y su nombre proviene de la palabra alemana vermut, que significa ajenjo (ingrediente principal).

Puede escribirse y pronunciarse de tres maneras:

- **Vermú**: es como aparece en el diccionario de la Real Academia Española.
- **Vermut**: es la versión de la palabra más utilizada.
- **Vermout y vermouth**: son las adaptaciones a la lengua francesa.

Tradicionalmente los vermús se clasificaban en italianos y franceses:

- **Italianos**: rojos, dulces y amargos.
- **Franceses**: blancos, secos y alcohólicos.

Pero hoy día hay muchos tipos de vermús y producidos en muchos lugares, aunque los países productores más influyentes de vermú son Italia, Francia y España.

La calificación actual de los vermús viene establecida en mayor o menor medida en función a los productos elaborados por la marca Martini, como son:

- **Extra seco**: es considerado como el vermú más amargo. Es, junto con el rosso, el más utilizado en coctelería.

- **Bianco o blanco**: a rasgos generales predomina el dulzor y los aromas a vainilla y cítricos.

- **Rosso o rojo o negro**: es el vermú más consumido y habitual, principalmente en España. Generalmente es más dulce debido al caramelo que se le incorpora. El caramelo, además de endulzar, le aporta el color característico a la bebida.

- **Rosado**: es un vermú con un carácter suave, delicado y fresco. En el caso del vermú rosado de la casa Martini, se combinan clavos de Madagascar y canela de Sri Lanka con un punto cítrico para elaborar este aromático vermouth.

- **Fiero**: este aperitivo es una reciente apuesta de Martini®, es una mezcla de cítricos y naranjas con vino blanco fresco. Su color natural y fogoso, y su sabor cítrico y afrutado son el resultado de un cuidadoso proceso de elaboración.

- **Espumoso**: en este caso puede ser elaborado de tres maneras:
    - Embotellar vermú incorporándole vino espumoso.
    - Aromatizar un espumoso con las sustancias características.
    - Elaborar un vino espumoso por método Champenoise o tradicional, es decir, se parte de un vino seco aromatizado que se embotella con el vino de tiraje (vino, azúcar y levadura), lo que va a provocar la segunda fermentación en botella, haciendo que la bebida adquiera sus burbujas características.

El vermú espumoso pionero en España ha sido el de Francisco de Cala, en la provincia de Cádiz.

Otros tipos de vino aromatizados similares al vermú son:

- **Vino quinado o vino de quina**. Vino aromatizado en el que predomina la quinina, uno de los más destacados es el Dubonnet.

- **Bíter-vino**. Vino aromatizado en el que predomina la genciana. También existe la versión de bíter-soda, es decir, al bíter-vino se le incorpora soda.

- **Americano**. Vino aromatizado en el que predomina la artemisa y la genciana. El Americano Cocchi es una de las bebidas más características.

Fig. 7. Dubonnet

3. Descripción de las bebidas blancas

Las bebidas blancas (también conocidas como espirituosos blancos o neutros) son destilados sin añejamiento o con muy poco tiempo en barrica, lo que les da un color claro o totalmente transparente.

Son fundamentales en coctelería por su versatilidad, ya que permiten combinarse con una gran variedad de ingredientes sin dominar el sabor del cóctel.

Sus principales características son:

- Color claro o transparente.
- Aroma y sabor neutro o suavemente aromático, dependiendo del tipo.
- No tienen añejo o es mínimo (excepto variantes específicas).
- Graduación alcohólica generalmente entre 37.5 % y 40 % vol.
- Alta versatilidad: base de cócteles clásicos y modernos.

Tipos de bebidas blancas más comunes en coctelería:

	ORIGEN	CARACTERÍSTICAS	USOS	EJEMPLOS
VODKA	Rusia / Polonia	Neutro, casi sin sabor ni aroma; ideal para mezclar con cualquier ingrediente	Base de cócteles donde se quiere que destaque el mixer	• Cosmopolitan • Bloody Mary • Moscow Mule • Screwdriver • White Russian
GINEBRA	Reino Unido / Holanda	Destilado aromático con predominio de bayas de enebro, además de otras botánicas (cilantro, cáscara de cítricos, raíz de angélica...)	Ideal en cócteles secos, frescos o aromáticos	• Gin Tonic • Dry Martini • Negroni • Tom Collins • French 75
RON BLANCO	Caribe (Cuba, Puerto Rico, República Dominicana, etc.)	Destilado de caña de azúcar; sabor suave, ligeramente dulce	Cócteles tropicales y refrescantes	• Mojito • Daiquiri clásico • Piña Colada • Cuba Libre
TEQUILA BLANCO	México	100 % agave azul; sabor vegetal, cítrico y algo picante	Cócteles frescos y vibrantes; también para shots	• Margarita • Paloma • Tequila Sunrise

En coctelería, las bebidas blancas son bases neutras o aromáticas que permiten gran libertad creativa. Son ideales para cócteles frescos, veraniegos, frutales o especiados; además, forman parte de los cócteles clásicos más consumidos mundialmente.

4. Descripción del whisky

El whisky (o whiskey, según el país) es una bebida destilada a base de cereales fermentados como cebada, maíz, centeno o trigo. Se envejece en barricas de madera, lo que le otorga su color dorado y sabores distintivos.

Su complejidad aromática, su cuerpo y sus matices, que varían según su origen y método de elaboración, lo convierten en un destilado muy versátil para preparar cócteles clásicos y contemporáneos.

Los principales tipos de whisky son:

- **Escocés:** originario de Escocia, generalmente ahumado y complejo.
- **Irlandés:** de Irlanda, más suave y frutal.
- **Americano:** incluye el bourbon (dulzón y con vainilla) y el rye (especiado y seco).
- **Japonés:** inspirado en el estilo escocés, muy balanceado y elegante.

Fig. 8. Whisky japonés

En coctelería, el whisky aporta:

- Profundidad de sabor: tostado, especiado, dulce o ahumado, según el tipo.
- Cuerpo y textura: ideal para cócteles robustos o de "sipping" (para beber lento).
- Versatilidad: puede mezclarse con cítricos, hierbas, especias, vermuts, amargos, etc.

Algunas consideraciones a tener en cuenta al usar whisky en cócteles son:

- Tipo de whisky: cada estilo aporta matices diferentes. El bourbon es dulce y versátil; el rye es más seco y especiado; el escocés puede ser frutal o muy ahumado.

- Dilución y temperatura: el hielo juega un papel clave, sobre todo en cócteles de agitación.
- Ingredientes complementarios: vermuts, cítricos, bitters, miel, especias, frutas secas y hierbas funcionan muy bien con whisky.

Cócteles clásicos con whisky:

- Old Fashioned.
- Whiskey Sour.
- Manhattan.
- Mint Julep.
- Boulevardier.

Cócteles modernos con whisky:

- Penicillin.
- Gold Rush.
- Paper Plane.

5. Descripción de derivados del vino

Aunque el vino es más conocido como bebida para consumo directo, también tiene un papel importante en la coctelería. Gracias a su diversidad de sabores, texturas y grados alcohólicos, el vino y sus derivados permiten crear cócteles elegantes, refrescantes o complejos, que se pueden adaptar tanto a aperitivos como a postres.

El vino es una bebida fermentada a base de uva. Dependiendo de su color, proceso de fermentación y crianza, se clasifica como:

- **Tinto:** más estructurado, taninosos y con cuerpo.
- **Blanco:** más ligero y ácido.
- **Rosado:** intermedio entre el blanco y el tinto.
- **Espumoso:** con burbujas, como el Champagne, Cava o Prosecco.
- **Dulce o generoso:** como el Oporto, Jerez (Sherry), Marsala, Madeira.

Los derivados del vino más usados en coctelería son:

- **Vermú (Vermut / Vermouth).** Como se ha explicado anteriormente en detalle, es un vino macerado con hierbas, especias y endulzado. También incluye varias tipologías como rojo, blanco o seco. Son ejemplos el Martini, Manhattan, Negroni...

- **Aperitivos a base de vino.** Son aromatizados, con bajo contenido alcohólico y se usan en cócteles suaves o como aperitivos digestivos. Son ejemplos el Lillet, Dubonnet, Byrrh.

- **Vinos generosos.** Son vinos fortificados con un perfil dulce o seco, ideales para dar complejidad, por ejemplo, Oporto, Jerez (Sherry), Madeira.

- **Espumosos.** Aportan frescura, elegancia y efervescencia. Son ejemplos el champagne, cava, prosecco.

En coctelería, el vino y sus derivados pueden aportar:

- Acidez (vino blanco, rosado).
- Dulzura y cuerpo (Oporto, vermut dulce).
- Notas herbales y especiadas (vermut, aperitivos).
- Elegancia y ligereza (espumosos).
- Reducir el grado alcohólico de los cócteles, ideal para aperitivos o sesiones largas.

Por otro lado, las consideraciones a tener en cuenta para el uso del vino en coctelería son:

- **Temperatura:** los vinos suelen servirse fríos (blancos, rosados, espumosos) o ligeramente frescos (tintos ligeros).
- **Oxidación:** el vino abierto se oxida, por lo que los cócteles con vino deben prepararse y servirse al momento.

- **Maridaje:** el vino permite cócteles que combinan bien con comida, especialmente en aperitivos o eventos gastronómicos.
- **Equilibrio:** dado su menor contenido alcohólico, suele combinarse con destilados o licores para lograr balance.

Cócteles clásicos con vino o derivados:

- Negroni.
- Manhattan.
- Americano.
- Sherry Cobbler.

Cócteles modernos con vino o derivados:

- New York Sour.
- Spritz o Aperol Spritz.
- Lillet Vive.

6. Descripción del champagne, el cava y otros derivados

Los espumosos son vinos que contienen dióxido de carbono natural, producto de una segunda fermentación (en botella o en tanque), que genera las burbujas características. A menudo se produce con métodos específicos:

- **Champagne (Francia):** método tradicional (segunda fermentación en botella).
- **Cava (España):** también usa el método tradicional, con uvas autóctonas como Macabeo, Xarel·lo y Parellada.
- **Prosecco (Italia):** método Charmat (fermentación en tanque), más fresco y afrutado.

Ejemplo

Otros ejemplos son Franciacorta (Italia), Espumosos del Nuevo Mundo (EE.UU., Argentina, Chile), Sekt (Alemania), entre otros.

En coctelería estos son componentes esenciales cuando se busca elegancia, frescura y un toque festivo ya que aportan:

- Efervescencia y frescura, muy atractiva sensorialmente.
- Ligereza alcohólica, ideal para aperitivos y eventos prolongados.
- Notas florales, cítricas o tostadas, según el estilo y el método.
- Textura viva, que ayuda a resaltar o atenuar sabores intensos.

Fig. 9. El champagne destaca por su efervescencia

Algunos consejos para usar espumosos en cócteles son:

- Agregar al final: para preservar la efervescencia, se añade el espumoso al final, con suavidad.
- Servir frío (4–6 °C): temperatura clave para mantener burbujas y frescura.
- Tipo de copa: copas tipo flauta o tulipán ayudan a concentrar los aromas y conservar el gas.
- Dulzor: considera si es Brut, Extra Dry o Demi-Sec, ya que influye en el equilibrio final del cóctel.

Su versatilidad les permite destacar tanto en cócteles clásicos como en propuestas modernas de baja graduación alcohólica.

Cócteles clásicos con espumosos:

- French 75.
- Bellini.
- Mimosa.
- Kir Royale.
- Champagne Cocktail.

Cócteles modernos con espumosos:

- Hugo.
- Aperol Spritz.
- Rossini.

Resumen

El diseño de la oferta de bebidas requiere seleccionar cuidadosamente bebidas base como ron, ginebra o vodka, acompañadas de zumos naturales, siropes, purés y otros ingredientes frescos. Las bebidas refrescantes —según el Real Decreto 650/2011— incluyen sodas, gaseosas, tónicas y bebidas vegetales.

En coctelería, también se emplean productos como compotas, especias, frutas deshidratadas, leche, huevos y nata, todos utilizados bajo normas higiénicas específicas.

Los aperitivos abarcan bebidas amargas (como Campari o Aperol), anisados (como Ouzo, Sambuca, Absenta) y vermuts. Estas se consumen generalmente antes de las comidas para estimular el apetito.

Las bebidas blancas (vodka, ginebra, ron blanco, tequila) son la base neutra en la elaboración de cócteles clásicos y modernos. Finalmente, los derivados del vino como el vermut, espumosos y vinos generosos (Oporto, Jerez) aportan complejidad y elegancia a la carta de bebidas.

La clave del éxito está en una carta variada, rentable, visualmente atractiva y adaptada a las tendencias y preferencias del consumidor.

Glosario

Bebida blanca

Destilado incoloro o poco añejado como el vodka, la ginebra o el ron blanco, base de muchos cócteles.

Bitter (amargo)

Bebida alcohólica de sabor amargo, elaborada con hierbas, cortezas y raíces, muy utilizada como aperitivo.

Siropes

Líquidos densos compuestos de agua y azúcar, a menudo infusionados con sabores, utilizados para endulzar y aromatizar cócteles.

Vermut

Vino aromatizado con hierbas, especias y otros ingredientes botánicos, con variedades dulces, secos y espumosos.

Zumo exprimido

Jugo obtenido directamente de frutas cítricas como naranja o limón, sin aditivos ni conservación.

Ejercicios de autoevaluación

1. ¿Qué tipo de zumo tiene mayor valor organoléptico en coctelería?

    a. Envasado.

    b. Natural exprimido.

    c. Néctar de frutas.

2. ¿Qué bebida refrescante contiene extracto de quinina?

    a. Ginger ale.

    b. Tónica.

    c. Cola.

3. ¿Cuál de los siguientes ingredientes es una bebida anisada?

    a. Campari.

    b. Aperol.

    c. Sambuca.

4. ¿Qué bebida base se utiliza en un cóctel tipo Margarita?

    a. Vodka.

    b. Ron.

    c. Tequila.

5. ¿Qué bebida aperitiva contiene alcachofa?

    a. Aperol

    b. Cynar.

    c. Amer Picón.

6. ¿Cuál es una característica fundamental del hielo en coctelería?

a. Debe ser insípido y cristalino.

b. Debe estar aromatizado.

c. Debe contener gas.

7. ¿Qué tipo de leche es más usada en coctelería?

a. Cruda.

b. En polvo.

c. Pasteurizada.

8. ¿Cuál es el principal aporte del vermut en los cócteles?

a. Gaseosidad.

b. Aromas herbales y especiados.

c. Textura cremosa.

¿Qué bebida se utiliza para preparar un French 75?

a. Oporto.

b. Ginger Ale.

c. Champagne.

10. ¿Cuál de estos aperitivos se elabora con genciana y quina?

a. Sambuca.

b. Amer Picón.

c. Vodka.

U. A. 3. Explicación de la cristalería: tragos cortos y largos

Introducción

El arte de la coctelería no se limita únicamente a la mezcla de bebidas, sino que también exige precisión, creatividad y técnica. El conocimiento del uso correcto de los utensilios, la cristalería adecuada y la disposición óptima de la estación de trabajo son elementos fundamentales para alcanzar la excelencia en el servicio.

En esta unidad se explorará cómo dominar las herramientas básicas, comprender los diferentes tipos de vasos y copas, y montar eficientemente una estación de coctelería profesional.

Objetivos

- Identificar los principales utensilios utilizados en la coctelería.
- Reconocer los diferentes tipos de vasos, copas y otros recipientes.
- Comprender la organización y montaje correcto de la estación de coctelería.
- Aplicar técnicas adecuadas en el uso de la coctelera y el vaso mezclador.

1. Uso de los utensilios propios de la coctelería

Como se ha mencionado anteriormente, la diferencia entre un trago corto y largo radica principalmente en el volumen, el contenido alcohólico y el tipo de vaso en el que se sirve.

Trago corto (short drink)	Trago largo (long drink)
• Volumen reducido • Alta concentración alcohólica • Se sirve en vaso corto o copa de cóctel	• Mayor volumen • Menor graduación alcohólica • Se sirve en vaso alto

Por ello, para una correcta elaboración de los cócteles es necesario disponer de una serie de útiles o herramientas imprescindibles.

1. **Coctelera.** Puede ser de acero inoxidable, plata, alpaca o cristal.

   - Clásica, de 3 cuerpos o europea: 3 cuerpos metálicos; un vaso, un pasador o colador y tapón.
   - Parisina: de dos cuerpos metálicos; un vaso y una tapa.
   - Boston: de dos cuerpos; lo habitual es que tenga un vaso metálico y un vaso de cristal.
   - Double tin: como la Boston, pero los dos vasos metálicos.

Fig. 1. Boston, 3 cuerpos y Parisina

2. **Vaso mezclador.** Están fabricados de cristal.

Fig. 2. Vaso mezclador

3. **Batidora americana o batidora de vaso.** Fundamental para realizar cócteles *frozen*, cócteles con frutas frescas y para triturar frutas y verduras. Es muy importante que sea de calidad y permita triturar el hielo.

4. **Colador.** Su función es la de filtrar los líquidos para que no pasen restos de hielo y sólidos.

   - <u>Gusanillo:</u> es fundamental para utilizarlo con el vaso mezclador
   - <u>Julep.</u>
   - <u>Chino cónico o de malla:</u> ideal para realizar dobles colados y obtener un cóctel más fino y elegante.

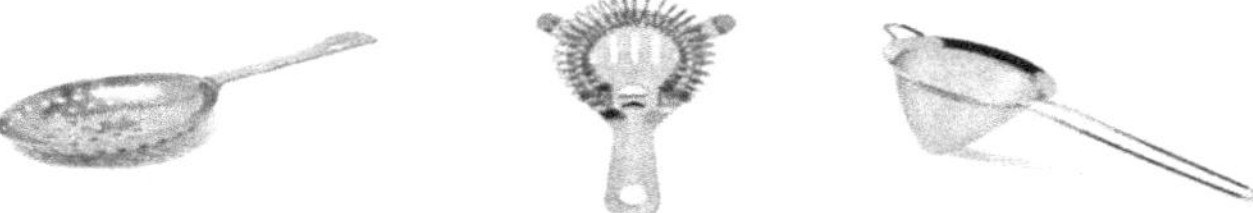

Fig. 3. Julep, Gusanillo y Cónico

5. **Cuchara.** Puede ser de diferentes tipos: mezcladora, de bar o americana, cuchara de moka…

6. **Mudler y/o mortero.** Se utiliza para triturar o majar frutas o hierbas.

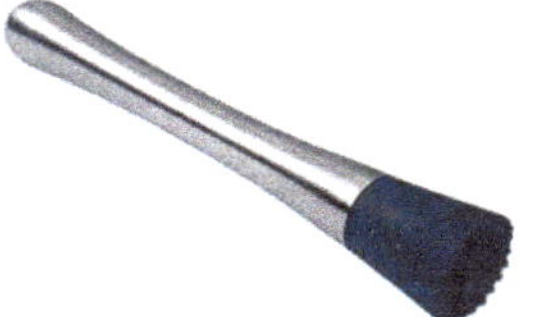

Fig. 4. Mudler

7. **Jigger o medidor.** Suele ser de acero y marca las medidas en cl, ml o en onzas (1oz=3cl=30ml). Hay de varios tamaños y diseños.

Fig. 5. Jigger de diferentes tamaños

8. **Cuchillo.** Puede ser de diferentes tipos:

   - Puntilla: para hacer cortes más delicados y finos.
   - Cebollero: pelado de frutas y hortalizas.
   - Sierra: en el bar su principal uso es para cortar piña fresca.

9. **Exprimidor de cítricos.** Puede ser eléctrico o manual. El más utilizado y oportuno para exprimir el cítrico en el momento de una manera rápida y solo la cantidad necesaria es el colador manual con forma de pinza.

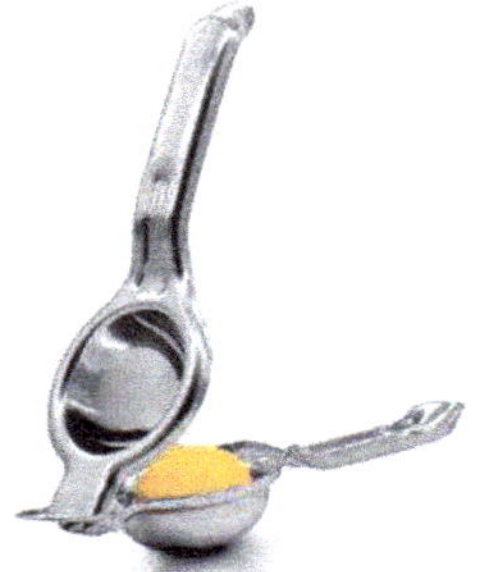

Fig. 6. Exprimidor de cítricos

10.Pelador. Su función es la de extraer la piel de los cítricos.

11. Acanalador. Con esta herramienta pueden obtenerse tiras de la piel de los cítricos.

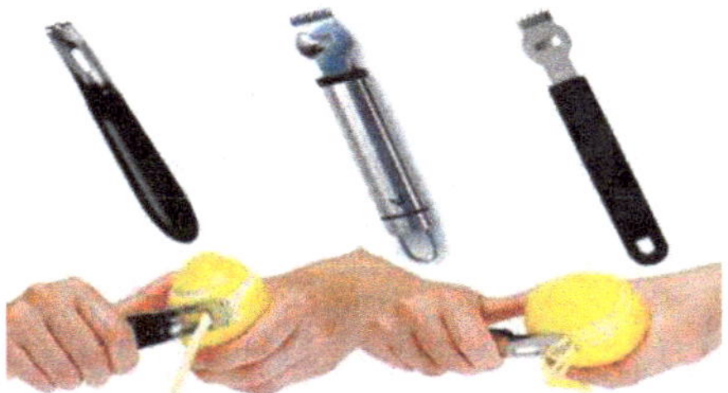

Fig. 7. Acanaladores

12. Dosificador o metal pour. Se coloca en la boca de las botellas para ayudar a dosificar la salida de la bebida.

13. Bitero o gotero. Recipiente de cristal útil para servir ciertas bebidas.

Fig. 8. Bitero

14. Cubitera, champanera, pala y pinzas de hielo. Es conveniente ubicar al menos dos cubiteras en la barra, una para el hielo en cubos y otra para el hielo picado.

15. Soplete. Es importante para flambear, ahumar o quemar algún ingrediente.

Fig. 9. Soplete

16. Caña, cañita, pajita o pajero. Pueden ser de metal, cartón, bambú y acero (reutilizables).

17. Rimmer glass. Utensilio empleado para escarchar el filo de vasos y copas.

18. Sifones. Estos pueden ser de 2 tipos principalmente:

- <u>Para espumas y cremas:</u> se utilizan cargas de óxido nitroso (NO_2).
- <u>Para elaborar bebidas carbonatadas:</u> se utilizan cargas de anhídrido carbónico (CO_2).

Fig. 10. Sifón

19. Zumeras. Botellas dosificadoras para almacenar y servir zumos y purés de frutas y/o vegetales. Hay de diferentes dimensiones y formatos.

Fig. 11. Zumeras

20. Bar organizer u organizador de bar. Tipo de herramienta que sirve para almacenar pajitas, servilletas y otros accesorios, en sus diferentes compartimentos.

21. Ahumador. Herramienta muy utilizada en la actualidad que nos permite ahumar el cóctel. Hay diferentes métodos para ahumar, pero el sistema más factible es tapar el coctel con una campana de cristal especial, a la que se le introduce una "pipa ahumadora".

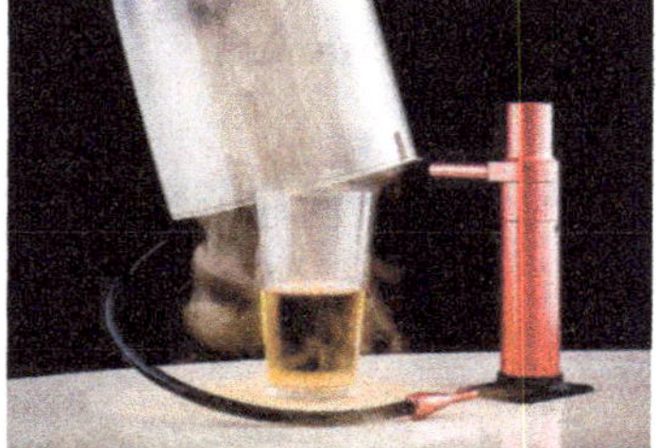

Fig. 12. Pipa ahumadora y campana

22. Bar mat. Actúa como antideslizante y escurridos, se ubica en las barras y sobre este es donde se elaboran los cócteles o donde se colocan las bebidas, permitiendo mantener una barra más limpia. Es fundamental limpiarla tras cada servicio y desinfectarla adecuadamente.

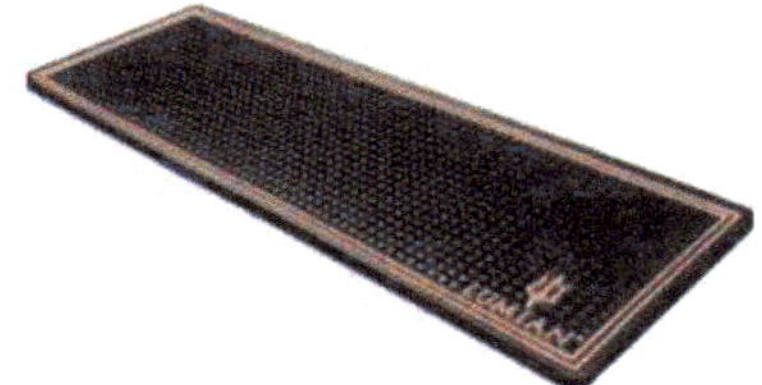

Fig. 13. Bar mat

Anotación

Otros utensilios que no pueden faltar son: abrebotellas, pimentero, salero, rallador, palillero, servilletas de cóctel, posavasos y pequeños recipientes para ubicar géneros de decoración, entre otros.

2. Descripción de clases de vasos

Es cierto que, con el renacimiento de la coctelería, casi todo vale y podemos encontrar cócteles servidos en todo tipo de recipientes y muy creativos.

A continuación, se hace una clasificación de la cristalería entre copas, vasos y otros recipientes.

COPAS			
Cóctel o Martini		**Margarita**	
Copa aperitivo		**Copa tulipa**	
Catavino		**Copa vino**	

Copa flauta		Copa coupete, Rosemary o champagne clásica	
Copa balón		Copa balón alta	
Copa huracán o hurricane		Copa café irlandés	
Copa grappa		Copa Gin Tonic	

VASOS			
Vaso collins		Vaso de shot	
Vaso long drink, combinación o highball	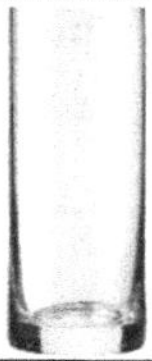	Vaso de ½ combinación	

Vaso old-fashioned u on the rock		Vaso Martini	

VASOS COCTELERÍA TIKI

OTROS RECIPIENTES

Taza mule		Tarro cristal	
Taza toddy, mug o bill		Vaso julep	
Jarra cristal		Packaging cóctel	

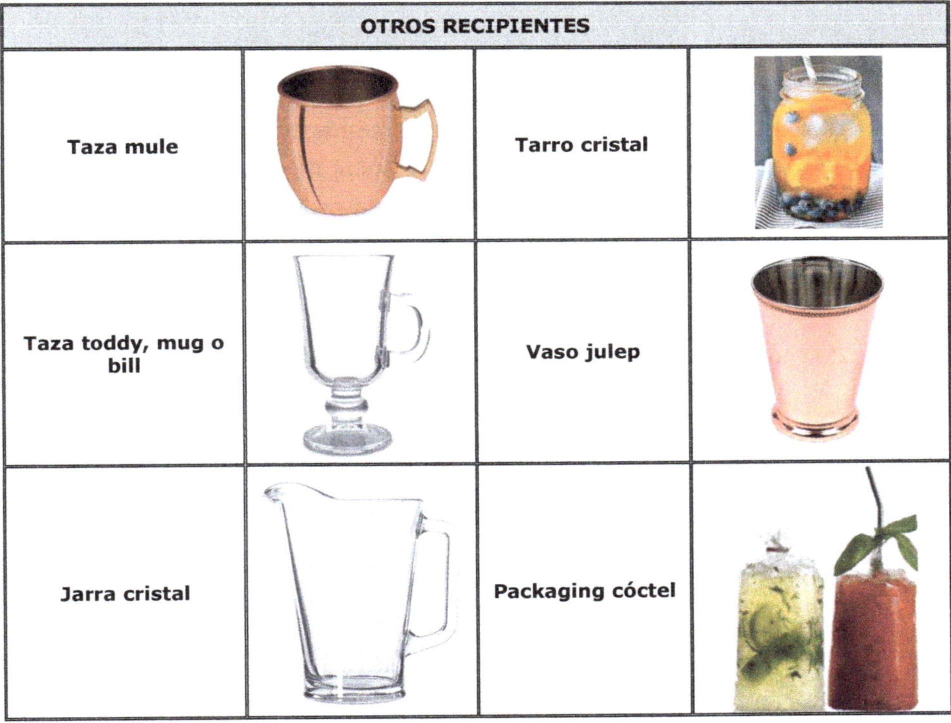

3. Montaje de la estación de coctelería. Identificación de los elementos y utensilios utilizados en coctelería

¿Cómo preparar la estación central?

La estación central es la zona o espacio destinado para ubicar todo el material necesario al igual que algunos de los ingredientes más importantes para la elaboración de los cócteles.

Una de las principales funciones de la estación central es la de optimizar el tiempo y la comodidad de los profesionales en el momento de elaborar los cócteles.

El diseño y la composición de las estaciones centrales se amoldarán en función del tipo de establecimiento, normas de la empresa, oferta de bebidas y dimensiones de las instalaciones, especialmente de la barra.

Pero hay una serie de elementos que no pueden faltar, como son:

- **Útiles o herramientas**: cocteleras, vasos mezcladores, cucharas mezcladoras, coladores, cubiteras, zumeras, pinzas y palas de hielo, biteros, ralladores, cuchillos, jigger, acanaladores, batidora y posavasos, entre otras muchas.
- **Materias primas**: decoraciones, siropes, zumos y hielos de diferente tipo, entre otros.

Pueden diferenciarse dos tipos de estaciones, la clásica y la moderna o actual.

- **Estación central clásica**. Se disponen los elementos característicos de la estación sobre una servilleta o mantel, en forma principalmente de triangulo o rectángulo, como se puede observar en la imagen a continuación.

Fig. 14. Estación clásica

- **Estación central actual o moderna**. Son estaciones centrales de trabajo diseñadas de acero inoxidable, diferenciadas en departamentos donde ubicar los diferentes elementos.

Los principales departamentos son: cámara frigorífica, botelleros, cubiteras (al menos 2; una para hielo pilé y otra para los cubos de hielo) y cubetas para ubicar las decoraciones y frutas.

Fig. 15. Estación central moderna

Por otro lado, hay diferentes zonas donde puede ubicarse:

- **Sobre la barra**: situada en un lugar atractivo a la vista para captar la atención de la clientela y que haya fácil acceso para que el bartender o la barmaid puedan trabajar ergonómicamente.

- **Tras la barra en la parte inferior** (como puede observarse en la imagen anterior): actualmente es la más común, diseñada en muchas ocasiones a medida al espacio del que se disponga. Según los expertos es la más cómoda a la hora de trabajar.

- **Tras la barra, detrás del bartender o barmaid**: esta ubicación es la menos habitual, ya que es la menos ergonómica y obliga al bartender o barmaid a dar demasiado tiempo la espalda a la clientela. En muchas ocasiones sirve como apoyo a una estación central principal, denominada en esta ocasión como subestación central.

Una de las distribuciones más comunes en una barra donde se elaboran cócteles es ubicar dos estaciones, una para colocar las materias primas principales, que normalmente es la estación ubicada en la parte inferior de la barra, y una estación para ubicar los útiles necesarios para la elaboración de los cócteles.

Los pasos a seguir para una correcta puesta a punto de la estación central son:

1. Limpiar y desinfectar todas las superficies, herramientas, cristalería y botellas. Para ello no utilizaremos productos químicos con olores, ya que podrían transmitirse a las bebidas.
2. Reponer y recargar las materias primas en las cámaras frigoríficas.
3. Revisar que disponemos de todas las bebidas y materias primas necesarias y hacer el pedido, si es conveniente.
4. Preparar materias primas en función de los productos que ofrezcamos: hacer zumos, siropes, montar o semimontar nata, etc.
5. Cortar frutas, vegetales y/o hierbas aromáticas para decoraciones.
6. Preparar cubiteras con hielo. Esto se realizará justo antes de abrir las puertas a la clientela.

Recuerda

Para asegurarnos que se ha realizado una adecuada mise en place de la estación central, es recomendable utilizar una check-list. Esta debe realizarse en función a las características de la empresa.

Además, es muy importante saber manejar las herramientas y utensilos para la elaboración de cócteles. Dos de las herramientas más importantes son la **coctelera** y el **vaso mezclador.**

Para el manejo correcto de la coctelera, primero debemos tener claro qué tipo de coctelera vamos a utilizar, ya que no es lo mismo una coctelera de tres cuerpos que una de dos cuerpos.

Para la coctelera de dos cuerpos tipo Boston o parisina, se requerirá además de la propia coctelera, un colador para servir la bebida. Por el contrario, la coctelera de tres cuerpos ya viene con un pasador o colador incorporado, por lo que no requeriremos de colador a no ser que queramos hacer un doble colado.

Una vez que se han incorporado los ingredientes, debemos cerrar la coctelera con seguridad y sujetarla con las dos manos extendidas.

La mano derecha sujeta la coctelera, por un lado, extendida hacia la parte superior, quedando el dedo pulgar de la mano en el tapón (coctelera tres cuerpos o parisina) o en el culo del vaso superior (coctelera Boston).

Y con la mano izquierda se debe sujetar la coctelera por el lado contrario y extenderla hacia la parte inferior, quedando el dedo meñique sujetando la base. En caso de ser zurdo se sujetará con las manos al contrario.

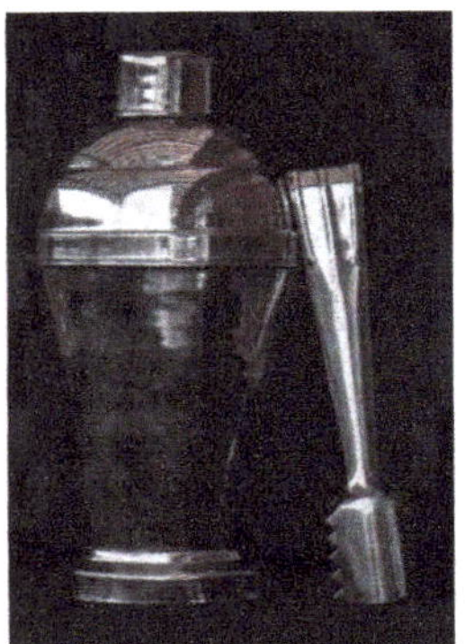

Fig. 16. Ejemplo de coctelera

Una vez tengamos bien cogida la coctelera debemos agitar la mezcla, los movimientos deben ser cortos y energéticos.

El estilo de agitar la coctelera puede ser diferente y es una de las técnicas que le dará personalidad al profesional.

Dependiendo de la densidad de los ingredientes se requerirá un agitado suave, medio o intenso. Los agitados más intensos serán necesarios cuando utilicemos ingredientes como helados, nata, leche y huevos. Un factor que debemos tener en cuenta es el tiempo de agitado, para ello estaremos pendientes al ruido del hielo en la coctelera y el frío en las manos.

Posteriormente, abriremos la coctelera con cuidado para servir la bebida en el recipiente adecuado.

Recuerda

No olvides que para servir la bebida desde cocteleras de dos cuerpos requerimos de colador.

Truco

Es común que la coctelera quede atascada. Para abrirla podemos envolverla en un lito, darle un leve golpe en la tapa y posteriormente abrirla realizando pequeños vaivenes.

En cuanto al vaso mezclador, requeriremos de dos elementos fundamentales para realizar una adecuada preparación, como son el colador de gusanillo y la cuchara mezcladora, aparte del jigger.

Una vez introducidos todos los ingredientes en el vaso, debemos sujetar el vaso con a mano izquierda y ubicar el pico del vaso mezclador también a la izquierda. Posteriormente, removemos con la cuchara mezcladora de forma circular, uniforme y rápida.

Por último, servimos la bebida en el recipiente indicado con la ayuda del gusanillo. El tiempo de removido aconsejado será de unos 15-20 segundos.

Fig. 17. Jigger, vaso mezclador, gusanillo y cuchara mezcladora

Resumen

Para lograr una correcta ejecución en la elaboración de cócteles es imprescindible conocer y dominar el uso de los utensilios propios de la coctelería, tales como la coctelera, vaso mezclador, colador, jigger, cuchara mezcladora, mudler, exprimidor, entre otros. Cada herramienta cumple una función específica que influye directamente en la calidad del cóctel final.

Además, es importante seleccionar la cristalería adecuada según el tipo de bebida: copas (como la Martini o Margarita), vasos (como el old-fashioned o highball) y recipientes especiales (como el vaso Tiki o tarro de cristal).

El montaje de la estación de coctelería ya sea clásica o moderna, debe optimizar el tiempo y la comodidad del bartender. Una mise en place efectiva requiere limpieza, preparación de ingredientes, reposición de stock y disposición ergonómica de herramientas. Saber manejar correctamente la coctelera y el vaso mezclador garantiza una presentación y sabor óptimos en cada bebida.

Glosario

Gusanillo

Tipo de colador con espiral metálica que se usa con el vaso mezclador o la coctelera.

Jigger

Medidor utilizado para dosificar ingredientes líquidos, expresado comúnmente en onzas, mililitros o centilitros.

Mise en place

Término francés que significa "puesto en su lugar"; preparación previa del espacio de trabajo.

Mudler

Herramienta utilizada para machacar frutas, hierbas o especias en la preparación de cócteles.

Rimmer glass

Utensilio utilizado para escarchar el borde de vasos o copas con sal, azúcar u otros ingredientes.

Ejercicios de autoevaluación

1. ¿Cuál es la principal diferencia entre un trago corto y uno largo?

a. El precio.

b. El volumen y la concentración alcohólica.

c. El método de preparación.

2. ¿Qué tipo de coctelera está compuesta por un vaso de metal y uno de cristal?

a. Parisina.

b. Boston.

c. Double tin.

3. ¿Qué utensilio se utiliza para machacar frutas y hierbas?

a. Jigger.

b. Cuchara mezcladora.

c. Mudler.

4. ¿Cuál de los siguientes coladores es ideal para realizar dobles colados?

a. Julep.

b. Chino cónico.

c. Gusanillo.

5. ¿Qué herramienta se usa para medir ingredientes líquidos?

a. Coctelera.

b. Mudler.

c. Jigger.

6. ¿Cuál de estos recipientes se asocia a la coctelería Tiki?

   a. Vaso Tiki.
   b. Copa balón.
   c. Tarro de cristal.

7. ¿Qué utensilio se emplea para escarchar vasos o copas?

   a. Soplete.
   b. Rimmer glass.
   c. Pelador.

8. ¿Cuál es el uso principal del bar mat?

   a. Decorar la barra.
   b. Evitar derrames y mantener la barra limpia.
   c. Enfriar bebidas.

9. ¿Qué diferencia a la estación de coctelería moderna?

   a. Su forma triangular.
   b. Está diseñada en acero inoxidable con compartimentos.
   c. Usa utensilios de madera.

10. ¿Qué utensilio sirve para obtener tiras de piel de cítricos?

   a. Exprimidor.
   b. Acanalador.
   c. Pelador.

U. A. 4. Relación de las normas para el servicio: bases; series y cócteles internacionales

Introducción

La coctelería moderna requiere precisión técnica, presentación impecable y dominio de normas profesionales. Desde la correcta "mise en place" hasta el servicio final en barra, el proceso de creación de un cóctel implica no solo habilidad manual, sino también conocimiento profundo de ingredientes, métodos de elaboración, responsabilidad profesional y atención al detalle.

Esta unidad aborda las normas básicas del servicio, la clasificación de cócteles por bases y las técnicas más utilizadas, desde el batido clásico hasta la mixología molecular.

Objetivos

- Conocer las normas básicas y deontológicas para la elaboración y servicio de cócteles.
- Identificar los componentes estructurales de un cóctel: base, modificador, corrector y decoración.
- Dominar los métodos de elaboración: coctelera, vaso mezclador, batidora, escanciado y más.
- Comprender la clasificación de cócteles según su base alcohólica.
- Aplicar buenas prácticas de atención al cliente y servicio en barra.

1. Descripción de las normas básicas y mecanismos generales en coctelería

Es muy importante seguir una serie de normas tanto en el proceso de elaboración del propio cóctel como en las acciones del responsable en elaborarlos.

Lo primero que se debe tener en cuenta para la elaboración de los cócteles es realizar una correcta **mise en place** o **puesta a punto del lugar de trabajo.** Es de vital importancia que esta sea realizada correctamente para garantizar un óptimo servicio. Ya que es el primer paso a realizar para la elaboración de los cócteles, es considerada la primera norma general: "realizar adecuadamente y minuciosamente la puesta a punto".

Mise en place: término que procede del francés y que se traduce como puesta a punto. Puede definirse como el conjunto de acciones y tareas previas al servicio, que son necesarias de realizar para poder preparar y servir alimentos y bebidas en los establecimientos de restauración.

La puesta a punto debe realizarse en función de la oferta que haya en el establecimiento, es decir, no nos sirve de nada hacer un jugo de sandía si no utilizamos sandia en ninguno de nuestros cócteles.

Cuando hablamos de la puesta a punto en coctelería, una de las zonas más importantes que deben ponerse a punto es la "estación central". La estación central es el lugar destinado para colocar los materiales necesarios para la elaboración de los cócteles.

La estación central tradicional suele estar preparada sobre la propia barra y una de sus características es que está vestida por un mantel blanco. Pero en la actualidad las estaciones centrales han evolucionado al igual que la coctelería y cada vez son más ergonómicas y con diseños más atractivos.

En este caso, suelen ubicarse en el interior de la barra en la parte baja. Y se componen de botelleros, cubiteras y espacios para las decoraciones, entre otras cosas. Más adelante, profundizaremos sobre la estación central.

Algunas de las acciones más destacadas en la mise en place son:

- Hacer el pedido de materias primas.
- Limpiar y poner a punto todas las herramientas y maquinaria necesarias.
- Recepcionar, limpiar, racionar y distribuir las materias primas.
- Preparar jugos.
- Cortar cítricos.
- Montar o semimontar nata.
- Preparar el hielo en las cubiteras.
- Ubicar todas las materias primas y herramientas necesarias correctamente en la estación central y/o en las cámaras frigoríficas.
- Limpiar superficie de la barra.

Sugerencia

Se recomienda realizar una check-list o lista de cotejo para asegurarnos de que hemos realizado una correcta mise en place sin margen de error.

Respecto a las **normas y responsabilidades de la figura profesional,** hay que tener en cuenta que el bartender, barman o barmaid debe cumplir unos requisitos concretos en cuanto a aptitudes y actitudes, ya que la mayoría de las tareas que realiza son bajo la mirada de la clientela.

Debemos partir de que su misión principal es la de satisfacer a la clientela y cumplir sus expectativas.

Fig. 1. Bartender

Normas deontológicas y responsabilidades destacadas:

- Mantener una meticulosa higiene personal, en la uniformidad, en las instalaciones, en el material y en la manera de trabajar.
- Ser puntual.
- Poseer conocimientos de todos los componentes que componen el bar y de la oferta.
- Tener habilidades sociales, sabiendo dar una respuesta adecuada para cada momento.
- Utilizar un correcto lenguaje verbal y no verbal.
- Ser resolutivo bajo presión.
- Tener una alta capacidad de adaptación: clientela objetiva, espacios, herramientas, tipo de oferta y brigada.
- Asesorar a la clientela según sus gustos.
- Trabajar rápido, pero transmitiendo una apariencia tranquila.
- Conocer idiomas.
- Saber trabajar en equipo.
- Evitar la improvisación.
- Tener buena memoria y ser observador/a.
- No perder la sonrisa durante la atención a la clientela.
- Otras actitudes básicas: ser una persona amable, elegante, simpática (sin caer en el amiguismo), educada, positiva, respetuosa, extrovertida, humilde, meticulosa y empática.

Fig. 2. Saber trabajar en equipo es fundamental

"La mejor manera de encontrarte a ti mismo es perderte en el servicio a los demás"- Ghandi.

Por otro lado, para **elaborar los cócteles** debemos atender y considerar también una serie de normas básicas:

- Tanto la mise en place como los materiales ubicados en la barra estarán siempre orientados a las ofertas del establecimiento.
- Las recetas de los cócteles tradicionales deben ser respetadas para obtener el cóctel cumpliendo con los objetivos del creador, refiriéndonos al color, sabor, aromas y presentación.
- Todas las herramientas utilizadas en la elaboración de un cóctel deben ser lavadas antes de utilizarlas de nuevo.
- Las bebidas gasificadas queda totalmente prohibido incorporarlas en la coctelera, ya que, de ser así, la coctelera puede explotar en el momento de agitarla por el gas carbónico.
- En los cócteles o combinados que tengan bebidas gasificadas, estas serán incorporadas al final y en el recipiente de servicio.
- Emplear un hielo macizo adecuado, evitando aquellos que se deshacen y rompen fácilmente. El hielo debe ser considerado como un ingrediente más.
- Mantener una limpieza y orden constantes en la barra mientras se trabaja.
- Ser elegantes y mostrar seguridad durante las elaboraciones.
- Los ingredientes serán incorporados de mayor a menor densidad.

- Se utilizará el jigger para la medición de los líquidos.

La composición de un cóctel va en función del tipo de cóctel que deseemos preparar y en relación al momento recomendado para su consumo. Cuando el brebaje está compuesto por ingredientes que van a resultar amargos, es recomendable tomarlos como aperitivo, ya que el amargor condiciona a estimular el apetito. Por el contrario, cuando el sabor predominante es el dulce, es más apropiado consumirlo como sobremesa, en algunos casos pueden llegar a sustituir a un postre. En el caso de ser una mezcla con un resultado refrescante, como, por ejemplo, el Mojito o el Mai Tai, se recomienda tomarlos como "trago largo" o "entre horas".

Teniendo en cuenta todo lo anterior, y sin olvidar que también pueden elaborarse cócteles sin alcohol, los componentes principales de un cóctel son los siguientes:

- **Base.** Es el ingrediente principal del cóctel. Compuesto principalmente por un aguardiente, como brandy, whisky, ginebra, vodka, tequila, mezcal, pisco, ron, cachaça, entre otros, excepto cuando el cóctel es sin alcohol.

  Suele representar entre el 50-60% del total.

  En más de una ocasión la base suele estar compuesta con más de una bebida, llegando en algún cóctel a tener hasta cinco, como es el caso del cóctel Long Island.

Fig. 3. Long Island

- **Modificador.** Como su propio nombre indica, es el componente que va a modificar el sabor de la bebida base y suelen ser aromáticos.

En este caso suele suponer entre el 20-40% del total.

Entre los más habituales encontramos:
- Vino: Oporto, madeira, Jerez, tokaji, etc.
- Vermú.
- Licores.
- Bitters o amargos.
- Agentes grasos: leche, nata, huevo (clara y/o yema), etc.
- Jugos, compotas o mermeladas de frutas y/o vegetales: naranja, limón, lima, pepino, pomelo, tomate, piña, zanahoria, etc.

- **Corrector.** El objetivo es rectificar la bebida en cuanto a sabor, aroma, color, contenido alcohólico, densidad y/o textura. Estos suelen suponer alrededor del 10% del total.

 **Anotación**

En algunas ocasiones los ingredientes utilizados actúan también como elemento decorativo.

Algunos de los correctores más característicos son:
- Bebidas refrescantes.
- Licores o cremas de licor.
- Siropes: azúcar líquida, agave, granadina, menta, chocolate, etc.
- Condimentos y especias: sal, pimienta, azúcar, nuez moscada, vainilla, canela y guindilla, entre otros.

 **Saber más**

El agave o maguey es la planta de la que se obtienen las piñas, de cuyo jugo, al fermentarse, se obtiene "el pulque" y que al destilarse da lugar al tequila.

- **Decoración.** Esta debe ser considerada como un ingrediente más y ser atractiva a la vista. Más adelante se detallarán los tipos de decoraciones.

A continuación, vamos a analizar diferentes métodos de elaboración de cócteles.

A. Elaboración de cócteles en la coctelera

Los cócteles elaborados en cocteleras son bebidas que requieren ser agitadas o batidas, ya que suelen componerse de algún o algunos ingredientes sólidos o densos como la nata, huevos, helados, purés o mermeladas, entre otros.

A continuación, se van a describir los diferentes pasos a seguir para la correcta elaboración de un cóctel en coctelera:

1. Antes de comenzar la elaboración del cóctel debemos preparar todo el material, cristal y materias primas que necesitemos.

Muchos expertos suelen colocar todos los ingredientes necesarios a la derecha de la coctelera y en el orden en que deben ser incorporados en la misma. Una vez los hayan utilizado lo pasan al lado izquierda de la coctelera. Así se aseguran de que no se les olvida ningún ingrediente.

2. Dejar enfriando la copa o recipiente de servicio, se recomienda que se enfrié con hielo pilé o frappé, ya que enfría más rápido.

3. Añadir los ingredientes: siempre se añadirán primero los ingredientes sólidos y seguidamente los líquidos de mayor a menor densidad.

4. Incorporar el hielo, se añade al final para evitar que se agüe la bebida. También puede añadirse antes de los ingredientes, pero habría que trabajar de forma rápida.

5. Cerrar la coctelera de manera segura.

6. Agitar.

7. Servir la mezcla en el recipiente adecuado.

8. Decorar.

9. Presentar al cliente o a la clienta.

Fig. 4. Coctelera de dos cuerpos

Sugerencia

Cuando utilicemos coctelera Boston o Parisina, se recomienda llenar el vaso más grande con hielo y sobre este colocar el vaso pequeño e ir añadiendo los ingredientes en el mismo. De esta manera conseguimos mantener en todo momento las bebidas frías.

B. Elaboración de cócteles en vaso mezclador

Los cócteles elaborados en vaso mezclador son bebidas que requieren ser removidas, ya que su composición no suele contar con ingredientes sólidos o densos.

Ejemplo

Uno de los pocos cócteles que se elabora en vaso mezclador que contienen ingredientes densos es el Bloody Mary, cuyo ingrediente principal aparte del vodka es el zumo de tomate.

A continuación, se van a describir los diferentes pasos a seguir para la correcta elaboración de un cóctel en vaso mezclador:

1. Preparar el material: no debemos olvidar el vaso mezclador, el colador de gusanillo y la cuchara mezcladora, el cristal de servicio y las materias primas necesarias.
2. Dejar enfriando la copa o recipiente de servicio.
3. Incorporar el hielo. En este caso se añade antes de introducir los ingredientes con el objetivo de enfriar el vaso, justo antes de añadir las bebidas se retirará el agua que se haya derretido.
4. Añadir los ingredientes. Actualmente, para controlar las medidas correctamente se utiliza el *jigger* o medidor.
5. Introducir la cuchara mezcladora.
6. Remover.
7. Introducir el colador de gusanillo.
8. Servir en el recipiente.
9. Decorar.
10. Presentar al cliente o a la clienta.

Fig. 5. Elaboración vaso mezclador

Hay dos tipos de servicios que podemos diferenciar: elaboración de cócteles y combinados sencillos y técnica de *muddling* o machacado.

En cuanto a la elaboración de cócteles y combinados sencillos, estos son los pasos a seguir:

1. Preparar el material, el recipiente de servicio y los ingredientes necesarios.
2. Incorporar el hielo.
3. Añadir los ingredientes; en el caso de llevar una bebida refrescante se recomienda que se sirva en el último momento.

4. Agitar levemente con la cuchara mezcladora.

5. Decorar.

6. Presentar ante la clientela.

Importante

Para el servicio de combinados o cócteles con bebidas refrescantes gasificadas se utilizará un vaso alto, como son los *long drinks, tumblers, highballs* o de combinación y se acompañarán con pajita.

Por otro lado, encontramos la técnica de *muddling* o machacado, que son los cócteles que requieren majar o machacar algún ingrediente, como, por ejemplo, el mojito. Para estas elaboraciones lo más común es utilizar hielo pilé.

En este caso la secuenciación sería la siguiente:

1. Preparar el material, el recipiente de servicio y los ingredientes necesarios.

2. Incorporar los ingredientes a majar. Por ejemplo: azúcar, limas y frambuesas.

3. Añadir el hielo pilé o picado.

4. Incorporar las bebidas y agitar con la cuchara mezcladora.

5. Terminar de llenar el vaso con hielo pilé.

6. Incorporar bebidas gasificadas, en caso de que las tenga.

7. Volver a agitar levemente con la cuchara mezcladora.

8. Decorar.

9. Presentar a la clientela con pajita.

Anotación

En el caso de que la mezcla contenga bebidas gasificadas, deben agitarse con cuidado y poca energía para evitar que desaparezca el carbónico.

D. Elaboración de cócteles en batidora

Se utiliza la batidora para elaborar cócteles *frozen* o con ingredientes sólidos, como piezas de fruta. En este caso, debemos seguir las siguientes indicaciones:

1. Prepara el material, el recipiente de servicio y los ingredientes necesarios.
2. Añadir el hielo y los ingredientes sólidos, como, por ejemplo, piña fresca.
3. Incorporar los ingredientes líquidos.
4. Tapar la batidora y batir la mezcla.
5. Servir en el recipiente correspondiente.
6. Decorar.
7. Presentar a la clientela con pajita.

Fig. 6. Daiquiri frozen de fresa

E. Elaboración de cócteles escanciados

Escanciar es el servicio en el que se vierte una bebida de un recipiente a otro, haciendo que rompa el líquido en la base del recipiente donde se vierte.

Anotación

La técnica de escanciar en coctelería también es conocida como *throwing*.

El objetivo de este método de elaboración es que la mezcla se oxigene, homogenice y mejore su textura, ya que en su resultado final se pueden apreciar unas microburbujas que quedan muy bien integradas. Estas son apreciadas principalmente en la boca. También se consigue que se suavice el sabor de la mezcla.

Fig. 7. Barmaid escanciando

Para su proceso se requieren de coctelera Boston y colador Julep. Los pasos a seguir son:

1. Preparar el material, el cristal de servicio y las materias primas necesarias.
2. Dejar enfriando la copa o recipiente de servicio.
3. Añadir los ingredientes y el hielo en el vaso de la coctelera Boston.
4. Introducir el colador Julep.
5. Realizar el escanciado pasando la bebida de un vaso a otro unas 4-6 veces.
6. Servir en el recipiente.
7. Decorar.
8. Presentar a la clientela.

 **Saber más**

La primera referencia de la técnica de Blue Blazer fue del famoso bartender Jerry Thomas.

F. Otras técnicas

En la actualidad hay multitud de métodos y técnicas de elaboraciones de cócteles, lo que hace que debamos mantener una formación continua. A continuación, se describen algunas de ellas.

- **Cócteles envejecidos en barrica.** En algunas coctelerías disponen de pequeñas barricas donde envejecer sus mezclas para aportar a las bebidas características organolépticas particulares. Algunas de estas características son: notas ahumadas, vainilla, cacao, clavo, canela y coco, entre otras. Estas características aportadas van a depender del tipo de madera con la que esté fabricada la barrica y el grado de tostado que tenga en su interior.

- **Dry shake.** Muy utilizado en los cócteles que contienen claras de huevo. Consiste en agitar fuertemente la clara en una coctelera sin hielo y posteriormente añadírsela al cóctel previamente elaborado. El objetivo es conseguir una textura mucho más cremosa en su superficie. En resumen, es realizar un cóctel en dos tiempos.

- **Ahumado.** Aunque hay otras técnicas, la más adecuada es la de utilizar una pipa ahumadora, como se detalló en la primera unidad de aprendizaje. El objetivo es aportar a la bebida notas ahumadas. Según el ingrediente que utilicemos para el ahumado obtendremos un resultado diferente. Un ahumado que va bastante bien es el de cedro para cócteles cuyo ingrediente principal sea el whisky. Por ejemplo: el Manhattan o el Boulevardier.

- **Coctelería molecular o mixología molecular.** Es una parte de la mixología que consiste en utilizar bases científicas para la elaboración de cócteles.

Algunas de las técnicas más utilizadas son:

- Esferificaciones.
- Gelificaciones.
- Utilización de nitrógeno líquido.
- Espumas.
- Aires.
- Carbonatación.
- Brulé: caramelizar la parte superior del cóctel, como si de una crema catalana se tratase.

Fig. 8. Coctelería molecular

 **Importante**

Un buen mixólogo o mixóloga debe dominar estas técnicas si realmente quiere estar actualizado/a y realizar elaboraciones que marquen la diferencia.

Una vez estudiadas las diferentes técnicas para elaborar cócteles, cabe señalar también el conocimiento de cómo se debe llevar a cabo la **dosificación de bebidas.**

En la actualidad, en la mayoría de los establecimientos y recetarios se utilizan medidas en centilitros o mililitros, pero debemos estar capacitados para interpretar cualquier tipo de medidas, por lo que atenderemos los siguientes datos y equivalencias:

Equivalencias de medidas en coctelería		
Onza líquida	**Centilitros (cl.)**	**Mililitros (ml.)**
1 onza	2,95 cl. (3 cl.)	29,95 ml. (30 ml.)
½ onza	1,5 cl.	15 ml.
Otras equivalencias		
½ medida	2,5 cl.	
1 medida o copa	5 cl.	
1 golpe o dash	4-5 gotas	
1 c.c. de cuchara de bar	0,5 cl.	
1 c.c de cuchara sopera	1,5 cl.	

En ocasiones, las recetas de los cócteles vienen establecidas en partes en referencia al tamaño del recipiente donde se sirve, por ejemplo:

- 1/3 de brandy.
- 1/3 de licor de cacao.
- 1/3 de nata líquida.

En este caso debemos calcular la capacidad de la copa, en el caso de ser una copa de cóctel de 12 cl., sería:

- 3 cl. de brandy.
- 3 cl. de licor de cacao.
- 3 cl. de nata líquida.

Como se puede observar no se ha calculado sobre la capacidad total del recipiente, ya que nunca debemos de llenarla al máximo.

El principal utensilio para realizar las mediciones es el *jigger*. Existen modelos variados y, por supuesto, de diferentes medidas.

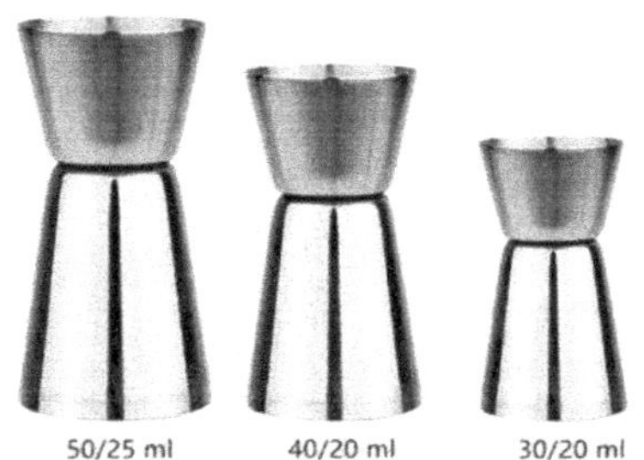

Fig. 9. Diferentes medidas de un jigger

En coctelería, también se deben tener en cuentas algunas recomendaciones para **efectuar el servicio de estas bebidas en barra.**

Una de las características principales del servicio en barra, además de la elegancia y una adecuada y minuciosa atención a la clientela, es la rapidez con la que se trabaje, por supuesto, manteniendo la calidad y precisión en el servicio. Para conseguirlo es fundamental realizar una perfecta planificación, organización y puesta a punto.

Fig. 10. Hay que tener una buena organización para el servicio en barra

El proceso a seguir en un servicio en barra es el siguiente:

1. Saluda a la clientela.
2. Ofrece el mejor lugar que se pueda en la barra.
3. Limpia la zona de la barra donde se ubiquen. Aunque previamente estuviese limpia, este gesto transmite a la clientela pulcritud en el servicio. Muy importante dejar la zona bien seca.
4. Ofrece la carta. En el caso que sea la primera vez que nos visita, se recomienda explicar brevemente la carta.
5. Toma la comanda.
6. Realiza las elaboraciones demandadas.
7. Coloca un posavasos a cada cliente/a.
8. Sirve las bebidas sobre el *bar mat* y posteriormente preséntalas ante la clientela y sobre el posavasos.
9. Acompaña las bebidas con algún snack o aperitivo que armonice con ellas.
10. Limpia rápidamente todos los útiles y materias primas utilizadas.
11. Realiza el mismo proceso cada vez que soliciten una nueva bebida.
12. Cuando pidan la cuenta, entrega la factura con rapidez en una carpeta o cajita.
13. Cobra.
14. Despide agradeciendo su visita.

Atenciones específicas a tener en cuenta:

- Las elaboraciones deben realizarse y servirse ante la mirada de la clientela, por lo que debemos trabajar de manera limpia, segura y elegante, transmitiendo que dominamos lo que hacemos.
- En la coctelera o vaso mezclador no realizaremos más de 2 cócteles al mismo tiempo.
- En el caso de elaborar el mismo cóctel para dos personas, este se deberá servir en dos tiempos, es decir, se sirve la mitad de la cantidad de cada copa y posteriormente se terminan de servir. Realizando este proceso conseguimos una mezcla más homogénea.
- Atender siempre respetando el orden de llegada.
- Servir primero a las señoras, de mayor a menor edad, y después a los señores.
- En el caso de grupos, debemos intentar atenderles al mismo tiempo.
- En caso de que demanden comida, nunca se servirá la comida sin la bebida.
- Realizar frente al cliente cada consumición o, al menos, su finalización.
- Llamar a la clientela por su nombre cuando la conozcamos, y recordar sus gustos.
- Ubicar cartas en la barra, u otro formato donde aparezca la oferta del establecimiento.
- Habilitar un espacio en la barra para la entrega y salida de pedidos del personal de sala.
- No llenar nunca las bebidas hasta el borde.

Por último, para finalizar con las normas básicas y mecanismos de coctelería se exponen algunos **trucos y consejos para un buen cóctel.**

Los trucos se adquieren a través de la experiencia, es decir, que cuantos más cócteles elaboremos, a más número de clientes/as sirvamos, más veces nos equivoquemos y más tiempo le dediquemos a investigar, estudiar y probar, mejor nos saldrán los cócteles y mezclas que elaboremos.

Algunos trucos para hacer un buen cóctel son:

- Realizar una puesta a punto minuciosa del cóctel a elaborar antes de comenzar su elaboración, como son los ingredientes, herramientas y recipiente de servicio.
- Las materias primas a utilizar deben ser de calidad, si queremos elaborar cócteles de calidad.
- Nunca se usará el mismo hielo para diferentes elaboraciones.
- Utilizar un pulverizador para perfumar los cócteles más aromáticos.
- En los cócteles fríos, debemos dejar enfriando con hielo el recipiente de servicio mientras se elabora el cóctel.
- Cuando se utilicen cortezas de cítricos, estos deben ser frescos para que transmitan todos sus aromas.
- Cuando flambeemos debemos estar alejados de los detectores de humo y alejados de la clientela.
- Elegir correctamente el tipo de hielo según la elaboración que realicemos, como se ha descrito en el punto 1.7.9.
- No almacenar el hielo junto con alimentos o productos con olores intensos, ya que puede adquirir sus aromas y transmitírselos a la bebida.
- Colar el cóctel antes de servirlo, incluso realizar un doble colado para conseguir un coctel mucho más fino en textura y elegante a la vista.
- No enfriar en exceso los cócteles; si nos excedemos en la cantidad de hielo, podemos licuar el cóctel y consecuentemente hacer que pierda sabor y cualidades.
- Controlar la fuerza al hacer el agitado en la coctelera, no todos los cócteles requieren de la misma energía de agitado. Las mezclas de contenidos más densos son las que necesitan un agitado más fuerte.
- Si se utilizan cítricos en la decoración se pasarán por el borde de la copa.
- En la coctelera o batidora se añadirán primero los ingredientes sólidos y después los líquidos de mayor a menor densidad. No llenar más de ¾ la coctelera.
- Utilizar pajita o caña de materiales reutilizables, como pueden ser acero o bambú.
- Las cocteleras se deben guardar abiertas para evitar que obtengan olores.

Por otro lado, algunos consejos para un buen cóctel son:

- Uno de los consejos más importantes que puede darse a un amante de la coctelería es que mantenga una formación continua y activa para estar actualizado y alcanzar una alta capacidad de adaptación tanto al lugar donde preste sus servicios como al público objetivo.
- La humildad, la profesionalidad y el compañerismo son tres de los requisitos principales que debe haber tras una barra.
- Crear un ambiente de trabajo agradable, con actitudes positivas y donde el personal disfrute de lo que hace, ya que eso lo percibe la clientela tanto en el trato que reciba como en los cócteles elaborados.
- Cuando tengamos que realizar ya sea 1 cóctel o 300, pensar que tras la petición de ese cóctel la clientela está esperando a tomarse el mejor de su vida. Así que pongamos cariño a lo que hacemos.
- No utilicemos jamás un ingrediente que nos cree dudas, por ejemplo, una rodaja de limón que no tiene el corte adecuado.
- Respetar la política de la empresa donde trabajemos; si no nos gusta hay más lugares donde trabajar.
- La puntualidad es un principio con el que no podemos fallar.
- Afilar adecuadamente los cuchillos ayudará a trabajar más rápido, de forma más eficaz y correremos menos riesgo de cortarnos.
- Antes de realizar algo que no sepamos con seguridad, apoyémonos en las compañeras y compañeros y preguntemos; en esta profesión una de las mejores cosas es compartir conocimientos y habilidades.
- Utilizar productos reutilizables y evitar el plástico.
- Actuar bajo las normas higiénico-sanitarias, de prevención de riesgos laborales y protección ambiental.

2. Explicación de la coctelería por bases

La coctelería por bases es una forma de clasificar y organizar los cócteles según el licor principal o ingrediente base alcohólico sobre el que se construye la bebida. Este enfoque es muy útil tanto para aprender coctelería como para diseñar cartas de bebidas o planificar compras en un bar.

En este sistema los cócteles se agrupan de acuerdo con el tipo de destilado base, es decir, el ingrediente alcohólico predominante en la receta. A partir de esa base, se añaden ingredientes secundarios (licores, jugos, siropes, etc.) para formar el cóctel completo.

 **Importante**

- Facilita el aprendizaje y memorización de recetas.
- Ayuda a los bartenders a crear variaciones de cócteles.
- Permite organizar mejor la oferta en bares o cartas de bebidas.
- Sirve para elegir cócteles según preferencias personales ("me gustan los de ron", por ejemplo).

A continuación, se expone una clasificación de la coctelería por bases.

A. Aguardientes

 **Legislación**

Según el **Reglamento (UE) 2019/787**, "la bebida espirituosa es la bebida alcohólica destinada al consumo humano, poseedora de cualidades organolépticas particulares, con un grado alcohólico mínimo de 15% Vol. o Gay Lussac, y que es producida por la destilación de productos fermentados en presencia de aromas o no, y/o la maceración de materias primas vegetales en alcohol etílico de origen agrícola y que puede ser edulcorada".

Originalmente se llamó aguardiente al alcohol de vino con graduación menor a 70°C, y con el tiempo se popularizó el término para designar así a todos los productos destilados.

El whisky, el coñac, el vodka, la ginebra, el mezcal y el tequila, entre otros, son denominados aguardientes, ya que pueden estar hechos de caña, grano o fruta.

El aguardiente es definido según la Larousse Gastronomique como *"nombre que recibe el producto obtenido por destilación de cualquier líquido fermentado"*.

1. Aguardientes de vino (brandy) o derivados de uva

La palabra brandy significa "vino quemado", siendo su definición un aguardiente obtenido de la destilación del vino.

Entre los más destacados encontramos los siguientes.

Brandy de Jerez

Una de sus particularidades es que su envejecimiento se realiza en botas de roble americano en las que se ha envejecido durante al menos 3 años vinos de Jerez. Pueden utilizarse dos sistemas de envejecimiento: dinámico (criaderas y soleras) y estático (Brandy con añada). Su graduación alcohólica debe ser entre 36-45ºGL.

Según su envejecimiento en criaderas y soleras pueden clasificarse en:

- Solera: 6 meses.
- Solera reserva: 1 año.
- Solera gran reserva: 3 años.

 **Saber más**

El sistema de criaderas y soleras es un método de envejecimiento dinámico, es decir, se van mezclando vinos o aguardientes nuevos con viejos, el objetivo es obtener un producto homogéneo.

En la siguiente imagen se puede ver que el aguardiente nuevo se introduce en la 3º criadera, al paso del tiempo se van haciendo trasiegos (mover un líquido de un lugar a otro). La parte extraída de la solera es embotellada, y se rellena con contenido de la 1ª criadera, así la solera vuelve a estar llena, la 1ª criadera se llena a su vez con la escala superior (2ª criadera) y así sucesivamente hasta que no queden más escalas, en ese caso, la última criadera se rellena con el aguardiente nuevo.

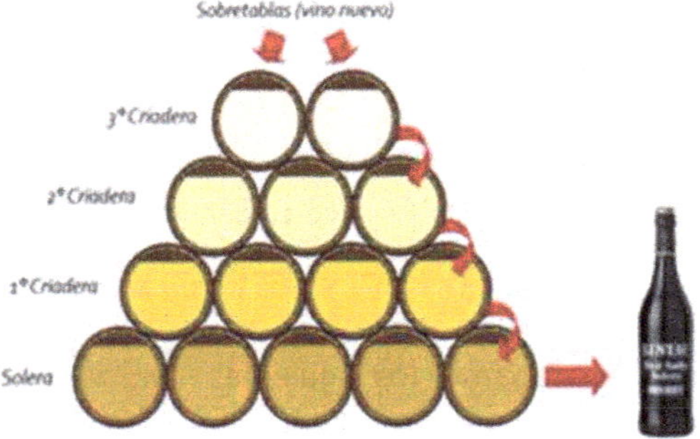

Fig. 11. Sistema de criaderas y soleras

<u>Coñac</u>

El coñac es una bebida original de Francia, de la región de Charente y Charente-Maritime *(Cognac)*.

Su graduación mínima es de 40ºGL. Salvo los millesimes, que son coñac considerados de excelente calidad y de una sola cosecha, el resto son coupages.

Se clasifican según el aguardiente más joven que contienen:

- Very Special (VS) o 3 estrellas: mínimo 2 años.
- Very Superior Old Pale (VSOP), Reserve o Very Old (VO): mínimo 4 años.
- XO, Hors d'âge: mínimo 10 años.
- XXO, Extra Extra Old: mínimo 14 años.

Armañac

El armañac recibe el nombre de la región francesa donde se elabora *(Armañac).*

Hay tres zonas recogidas en la Appellation d´Origine Armagnac para su elaboración:

- Bas Armagnac.
- Ténareze.
- Haut Armagnac.

Tipos (salvo los millesimes, y según los aguardientes más jóvenes):

- VS o 3 estrellas: mínimo 1 año.
- VSOP: mínimo 4 años.
- XO, Hors d'âge: mínimo 10 años.

Pisco

El pisco es el aguardiente producido en Perú y Chile, obtenido de la destilación de vino blanco.

Aguardientes de residuos de uva

El aguardiente de residuos de uva es la bebida espirituosa obtenida a partir de los hollejos de uvas fermentadas y destiladas.

Tipos más destacados:

- **Orujo:** origen español, siendo la zona más característica Galicia. Suelen macerarse con hierbas, café y miel. En Galicia el servicio más característico es la queimada, donde el orujo es quemado y aromatizado.
- **Marcs:** origen francés.
- **Grappa:** origen italiano.

2. Calvados

El calvados una bebida original de Normandia, Francia. Es un aguardiente obtenido de la destilación de la sidra y debe tener un envejecimiento mínimo de 2 años.

3. Ginebra

La ginebra es el aguardiente de origen holandés obtenido de la destilación de un mosto de cereales aromatizado, principalmente, con bayas de enebro y cuya graduación mínima es de 37,5º GL.

Hoy día es común encontrar ginebras con una gran variedad de botánicos.

Tipos más destacados:

- **Genever.** Ginebra holandesa, existen 3 tipos:
    - Jonge Genever (joven, seca y transparente),
    - Oude Genever (envejecida durante un periodo corto en barricas de roble)
    - Corenwyn (elaborada a partes iguales con centeno, maíz y cebada).

Fig. 12. Ginebras Genever

- **London dry gin.** Ginebra inglesa. es la más demandada y suelen ser más secas y ligeras.

- **Otras ginebras inglesas:** Old Tom (con adicción de azúcar), Sloe Gin (con endrinas) y Plymouth.

4. Kirsch

El kirsch es un aguardiente de cereza, originario de Francia (Alsacia y Franco Condado) y de Alemania (Selva Negra).

Por lo general, se elabora con cerezas negras o cerezas ácidas, fermentadas naturalmente en tonel y luego destiladas.

5. Ron

El ron es el aguardiente original del Caribe. Obtenido de la destilación del guarapo, que es el jugo, jarabe o las melazas de la caña de azúcar fermentadas o de sus mezclas y un contenido alcohólico mínimo de 37,5ºGL.

Tipos más destacados:

- **Ron agrícola (pesado).** Ron producido principalmente en las Antillas Francesas, principalmente en Martinica. Se obtiene de la destilación del jugo y se le suele añadir *dunder* (residuo de destilaciones anteriores).

  Existen dos tipos: sin envejecer y envejecido al menos 3 años en barricas usadas de bourbon o Jerez.

- **Ron industrial (ligero).** Ron producido principalmente en las Antillas españolas e inglesas. Generalmente obtenido por destilación de productos derivados de caña de azúcar fermentados, principalmente de la melaza. Se le suele añadir aditivos, como caramelo o especias, que variarán el color, el aroma y el sabor del ron.

  Tipos:
  - Blanco: sin envejecer.
  - Dorado: con caramelo añadido y ensamblaje de rones blancos con envejecidos.

- Envejecido: mínimo 6 meses.
- Añejo: mínimo 1 año.
- Viejo: mínimo 3 años.
- Ron *Over-proof*: ron con alto contenido alcohólico.
- Ron especiado: ron aromatizado con especias y frutas como vainilla, coco, canela, etc.

Fig. 13. Rones especiados

6. Whisky/Whiskey

El whisky es el aguardiente de origen celta. Obtenido por la destilación de un mosto fermentado de cereales malteados, en presencia o no de granos enteros de cereales no malteados, y posterior envejecimiento en barricas de roble generalmente usadas. El grado alcohólico mínimo será de 40ºg/L.

Tipo más destacados según su lugar de producción:

- **Whisky escocés.** Se diferencian 3 grandes grupos:

  - Whisky de malta: whisky de cebada malteada cuyo malteado es interrumpido con humo de turba; este será transmitido al producto final. Tras la fermentación, se hace una doble destilación en alambiques *pot still* y posteriormente se envejece al menos 3 años en barricas de roble americano que hayan contenido bourbon o vino de Jerez. Diferenciamos *single malt* y *pure malt*, el primero está elaborado únicamente en una destilería y el segundo está mezclado con maltas de otras destilerías.

- __Whisky de grano:__ se elabora a partir de otros cereales y se usan generalmente para hacer *blend.*
- __Whisky blended:__ mezcla de los dos anteriores.

Anotación

Cuando aparece "Straight" en la etiqueta se refiere a whisky no mezclado.

- **Whiskey irlandés.** Diferencias principales con los whiskies escoceses:
  - Están elaborados con cebada malteada y sin maltear.
  - Se realizan 3 destilaciones.
  - No utilizan turba.

- **Whiskey americano.** La medición de alcohol utilizada es en grados Proof (80º Proof son 40ºg/L). Los más característicos son los siguientes:

  - __Bourbon:__ debe contener un mínimo de 51% de maíz y el resto es trigo, centeno y cebada malteada. Se obtiene por destilación continua. Envejece durante al menos 2 años en barricas de roble americano nuevas y previamente quemadas.
  - __Tennessee:__ elaborado en el estado de Tennessee. Principales diferencias con el bourbon: tienen mayor cantidad de maíz en la mezcla, siempre está fermentado con *sour mash* (mezcla de levaduras de fermentaciones anteriores con levaduras nuevas) y se filtra con carbón de arce sacarino.
  - __Corn:__ elaborado con un mínimo de 80% de maíz y envejecido un mínimo de 1 año.
  - __Rye:__ mínimo 51% de centeno y 1 año envejecimiento.
  - __Wheat:__ mínimo 51% de trigo y 1 año envejecimiento.
  - __Whisky canadiense:__ elaborado a partir de maíz, cebada y centeno y con al menos 3 años de envejecimiento.

Fig. 14. Whiskey Tennessee

- **Whisky japonés.** Se asemeja al estilo de whisky escocés. Son muy apreciados y su consumo está en crecimiento.

 **Saber más**

La diferencia entre whiskey y whisky depende del lugar donde se produce. Se denomina whisky cuando es producido en Escocia, Japón, España y Canadá y whiskey cuando se produce en Irlanda, EEUU y Canadá.

7. Vodka

El vodka es el aguardiente de origen polaco obtenido generalmente por destilación continua a partir de cereales, patatas o ambos, o de otras materias primas vegetales y cuya graduación alcohólica mínima son 37,5ºg/L.

Es considerado como el aguardiente con el sabor más neutro, lo que lo hace muy versátil para su uso en coctelería. Los más destacados son los vodkas rusos y polacos.

B. Licores

Vocabulario

Según el Reglamento 2019/787, el licor es una bebida espirituosa con un contenido mínimo de sustancias edulcorantes, expresado en azúcar invertido, de:

- 70 gramos por litro en el caso de los licores de cereza o guinda cuyo alcohol etílico sea exclusivamente aguardiente de cerezas o guindas.
- 80 gramos por litro en el caso de los licores aromatizados exclusivamente con genciana, una planta similar o ajenjo.
- 100 gramos por litro en todos los demás casos.

Legislación

Reglamento 2019/787 del Parlamento Europeo y del Consejo, de 17 de abril de 2019, sobre la definición, designación, presentación y etiquetado de las bebidas espirituosas, la utilización de los nombres de las bebidas espirituosas en la presentación y etiquetado de otros productos alimenticios, la protección de las indicaciones geográficas de las bebidas espirituosas y la utilización de alcohol etílico y destilados de origen agrícola en las bebidas alcohólicas, y por el que se deroga el Reglamento (CE) nº 110/2008.

El licor se produce a base de alcohol etílico de origen agrícola o un destilado de origen agrícola o una o varias bebidas espirituosas o una combinación de estos productos, edulcorados y con adición de uno o varios aromas, productos de origen agrícola o productos alimenticios. El grado alcohólico volumétrico mínimo del licor será del 15%.

En la producción de licor únicamente podrán utilizarse sustancias aromatizantes y preparaciones aromatizantes. No obstante, los siguientes licores únicamente podrán aromatizarse con productos alimenticios sápidos, preparaciones aromatizantes y sustancias aromatizantes naturales.

Los aromatizantes más característicos son:

- **Especias**: pimienta (rosa, de Jamaica, negra...), cardamomo, chiles, clavo, canela, cilantro, jengibre, bayas de enebro, nuez moscada, vainas de vainilla, alcaravea, casia, hinojo, anís y eneldo.

Fig. 15. Especias

- **Frutas frescas** como cáscara de cítricos (limón, pomelo, lima, naranja, etc.), frutas desecadas (manzanas, higos, dátiles, pasas, etc.) y frutos secos (avellanas, almendras, nueces, etc.).

- **Hierbas y flores**: lavanda, menta, salvia, tomillo, romero, cola de caballo, manzanilla, hibisco, lúpulo, limoncillo, rosa y tila.

- **Otros**: cacao y granos de café.

En cuanto a los edulcorantes principales son azúcar, glucosa y miel. Además, pueden contener otros ingredientes, como lácteos, vinos y huevos. Hay diferentes licores con nombre propio y según su ingrediente principal, que veremos a continuación.

Ejemplos de licores de frutas:

- **Cointreau**: licor de naranja aromatizado con flores de azahar. Original de Francia.
- **Triple seco**: licor de naranja.
- **Curaçao**: licor elaborado por la maceración de las pieles de naranjas amargas procedentes de la isla de Curaçao. Hay varios tipos de colores según el

edulcorante o colorante utilizado: rojo, blanco, azul y naranja. Es muy versátil en coctelería para elaborar cócteles de diferentes colores.

- **Apricot brandy**: de origen inglés, hecho en base de brandy y albaricoques maduros.
- **Passoa**: licor original del Caribe elaborado a partir de fruta de la pasión.
- **Grand Manier**: licor francés elaborado con una base de brandy macerado con cortezas de naranjas amargas.
- **Malibú**: licor de coco y ron jamaicano.
- **Mangaroca**: licor de coco original de Brasil.
- **Cherry Heering**: licor de cerezas rojas silvestres de origen danés.
- **Marrasquino**: licor de cerezas "marrascas", original de Croacia.
- **Mandarine Napoleón**: licor belga elaborado con cognac y pieles de mandarina.

Ejemplos de licores de plantas/hierbas:

- **Chartreause**: original de Francia, elaborado con unas 130 plantas, miel y brandy. Se diferencian dos tipos, el verde que tiene 55% vol. alcohólico y el amarillo con 40% vol.
- **Jägermeister**: licor de hierbas coloreado con caramelo original de Alemania.
- **Bénedictine**: licor elaborado por los monjes benedictinos en una abadía en Normanda, Francia. Se elabora a partir de cognac y veintisiete plantas aromáticas que se guardan en secreto.
- **Galliano**: licor italiano de hierbas aromatizado con vainilla.
- **Kummel**: licor de origen alemán obtenido por la destilación de alcohol vínico y esencia de cominos.
- **Calisay**: originario de Cataluña, elaborado con plantas, flores, aromáticas, semillas, raíces, cortezas, hojas y quinina calisaya.
- **Pippermint**: licor con sabor y aroma a menta.

Fig. 16. Galliano

- **Pacharán**: original de España, especialmente de Navarra, es una bebida espirituosa aromatizada con un predominante sabor a endrinas. Se produce por la maceración de endrinas en alcohol etílico de origen agrícola, con la adición de extractos naturales de anís o destilados de anís o ambos. El grado alcohólico volumétrico mínimo será del 25 % y deberá tener una cantidad mínima de 125 gramos de endrinas por litro de producto final.

Anotación

La palabra pacharán viene del euskera patxaran.

Ejemplos de cremas de licor:

- **Baileys**: original de Irlanda. Crema de licor elaborada a partir de whisky irlandés, leche y esencia de cacao y vainilla.
- **Sheridans**: crema de licor de café y cacao.
- **Crema de cassis**: crema de licor de grosella negra.
- **Ruavieja crema**: crema de orujo original de Galicia, España.
- **Mozart**: crema de licor vienés, hay con sabores de chocolate y nueces, de fresas, de chocolate negro y de chocolate blanco, entre otras.
- **Crema catalana**: original de Cataluña. Crema de licor elaborada a partir de una emulsión láctea y con posibilidad de añadir cremas vegetales, que deberá contener como mínimo un 15% de crema de origen lácteo. Deberá presentar un contenido de azúcar entre 150 y 400 g/L, alcohol natural de origen agrícola, aromatizado básicamente con canela y limón.

Legislación

Según el Reglamento 2019/787 podrán denominarse legalmente «crema», las bebidas que contienen leche o productos lácteos o aquellas que no contienen lácteos, pero tienen más de 250gr/L de azúcar.

Ejemplos de licores de café:

- **Tía María:** licor de café y ron jamaicano.
- **Kalhúa**: original de México. Licor de café con base de ron y vainilla.
- **Gressy**: elaborado en Irlanda con whisky y crema de leche.
- **Licor de orujo de café**: elaborado a base de café, azúcar y brandy u orujo. Suele ser consumido solo o como ingrediente de postres o cócteles.
- **Cremat**: elaborado con destilado de caña, con sabor a café, aromatizado con limón y otras especias.

Ejemplos de licores de frutos secos:

- **Amaretto:** licor italiano elaborado a partir de almendras amargas.
- **Frangélico**: licor italiano elaborado a partir de avellanas.

Ejemplos de licores de whisky:

- **Drambuie:** original de escocia. Licor elaborado con una base de whisky escocés, hierbas aromáticas y miel.
- **Southern Comfort:** original de EE.UU., es un licor elaborado con base de whisky macerado con melocotones, naranjas y hierbas.

Fig. 17. Drambuie

Otros ejemplos de licores:

- **Advokaat**: licor holandés elaborado con ginebra "Genever" o brandy, yema de huevo y aromatizado con vainilla, chocolate o café.
- **Licor 43**: original de España, concretamente de Cartagena. Elaborado a partir de la combinación de 43 ingredientes, entre los que destaca la vainilla.

Fig. 18. Licor 43

Resumen

El servicio profesional de coctelería exige una mise en place adecuada y un entorno higiénico y organizado. La figura del bartender debe destacar por su pulcritud, atención, empatía y dominio de técnicas. Un cóctel se compone de una base alcohólica (generalmente aguardiente), un modificador que ajusta el sabor, un corrector que equilibra textura, color o dulzor, y una decoración que aporta atractivo visual.

Los métodos de elaboración varían según la densidad y características de los ingredientes: coctelera, vaso mezclador, batidora, directamente en el vaso, técnica de escanciado (throwing), o técnicas avanzadas como el ahumado o la coctelería molecular. La coctelería por bases facilita la clasificación y memorización de recetas, dividiéndose en grandes grupos como whisky, ron, ginebra, vodka, brandy, tequila, entre otros.

La atención al cliente debe ser personalizada, rápida y cuidadosa, siguiendo normas de protocolo y presentación, sin olvidar la higiene, el respeto y la sostenibilidad.

Glosario

Coctelería molecular

Rama de la coctelería que aplica técnicas científicas para transformar texturas y presentaciones de cócteles.

Jigger

Instrumento de medición usado para dosificar con precisión los líquidos en coctelería.

Mise en place

Preparación previa del espacio de trabajo y los ingredientes necesarios antes del servicio de coctelería.

Modificador

Ingrediente que cambia el perfil aromático o gustativo de la base de un cóctel (licores, zumos, bitters, etc.).

Throwing (escanciado)

Técnica en la que la bebida se vierte de un recipiente a otro para oxigenarla y homogeneizarla.

Ejercicios de autoevaluación

1. ¿Cuál es el primer paso antes de comenzar la elaboración de cócteles?

   a. Medir ingredientes.
   b. Servir hielo.
   c. Realizar la mise en place.

2. ¿Qué función cumple el modificador en un cóctel?

   a. Decorar la bebida.
   b. Ajustar sabor y aroma.
   c. Añadir color.

3. ¿Qué tipo de cócteles se elaboran en vaso mezclador?

   a. Con frutas frescas.
   b. Con ingredientes líquidos y ligeros.
   c. Con siropes espumosos.

4. ¿Cuál es la proporción aproximada de la base alcohólica en un cóctel?

   a. 10–20%.
   b. 50–60%.
   c. 30–40%.

5. ¿Qué tipo de hielo se recomienda para cócteles tipo Mojito o Caipirinha?

   a. Hielo en bloque.
   b. Hielo en esfera.
   c. Hielo pilé (picado).

6. ¿Qué cóctel es típico de la técnica de muddling?

  a. Daiquiri.
  b. Mojito.
  c. Negroni.

7. ¿Qué herramienta se usa para medir líquidos en coctelería?

  a. Vaso mezclador.
  b. Jigger.
  c. Gusanillo.

8. ¿Cuál es una responsabilidad clave del bartender?

  a. Inventar recetas constantemente.
  b. Mantener higiene y buena actitud.
  c. Evitar hablar con la clientela.

9. ¿Qué técnica busca oxigenar y suavizar la mezcla?

  a. Dry shake.
  b. Throwing (escanciado).
  c. Muddling.

10. ¿Qué tipo de licor se obtiene por la destilación de vino?

  a. Ron.
  b. Brandy.
  c. Vodka.

U. A. 5. Explicación de la coctelería por series

Introducción

La coctelería es un arte que se enriquece al conocer sus diferentes clasificaciones. Una de las más relevantes es la coctelería por series o familias, que agrupa los cócteles según similitudes en sus ingredientes, métodos de elaboración, recipientes o tipo de servicio. Esta clasificación no solo permite sistematizar el conocimiento, sino también ayuda a dominar un repertorio amplio de recetas, favoreciendo la creatividad, la eficacia y la personalización en el servicio de bebidas.

Esta unidad ofrece una visión detallada de las series más utilizadas en coctelería profesional e internacional.

Objetivos

- Comprender el concepto de coctelería por series o familias.
- Identificar las principales series según ingredientes y técnicas.
- Aplicar correctamente las técnicas de preparación de cócteles según su serie.

1. Definición de coctelería por series

Las series o familias de coctelería hacen referencia a un grupo de bebidas con rasgos similares. Estos rasgos pueden relacionarse tanto a sus componentes como a los métodos de elaboración.

Uno de los rasgos diferenciadores de cada serie o familia es su ingrediente base, que generalmente es el aguardiente, licor o vino principal de la bebida. Por ejemplo, según su ingrediente base adquirirá el nombre "Brandy" y según la familia se correspondería con su apellido "Crusta", por lo que el cóctel sería el Brandy Crusta.

2. Clasificación

COBBLERS

Elaboración	Recipiente o cristal de servicio	Ingredientes principales	Decoración	Ejemplos
Directamente	Copa *cobbler* o copa de agua	<ul><li>Hielo pilé o picado en el recipiente</li><li>Trozos de fruta fresca</li><li>Jarabe de azúcar</li><li>Bebida alcohólica o no alcohólica, según Esta recibirá su nombre</li></ul>	Frutas de temporada troceadas	<ul><li>Cava cobblers</li><li>Madeira cobblers</li><li>Ron cobblers</li></ul>

COLLINS

Elaboración	Recipiente o cristal de servicio	Ingredientes principales	Decoración	Ejemplos
Directamente	Vaso collins o *highball*	<ul><li>Hielo en cubos en el recipiente</li><li>1 copa de aguardiente</li><li>2 cl. zumo limón</li><li>1 cl. azúcar</li><li>Soda</li></ul>	½ todaja de limón	<ul><li>Tom Collins (con ginebra Old Tom)</li><li>John Coolins (con Genever)</li></ul>

COOLERS

Elaboración	Recipiente o cristal de servicio	Ingredientes principales	Decoración	Ejemplos
Directamente o en coctelera	Vaso *highball*	• Hielo en cubos en el recipiente • 1 copa aguardiente • 1 cl. zumo de limón o naranja • Azúcar • Ginger Ale	Corteza del cítrico utilizado	• Whisky cooler • Brandy coolers

CRUSTA

Elaboración	Recipiente o cristal de servicio	Ingredientes principales	Decoración	Ejemplos
Coctelera	Copa crusta o vino	• 1 copa de ron o brandy • 2 cl. limón • 2 golpes de angostura	Escarchado de la copa con azúcar y limón y una espiral de limón	Brandy Crusta

CUPS

Elaboración	Recipiente o cristal de servicio	Ingredientes principales	Decoración	Ejemplos
Elaboración directa en jarras grandes	Copa de agua, vino o flauta	• Hielo en cubos en el recipiente de servicio • Base de vino (cava, champagne, proceso, blanco seco, rosado o tinto) • 2 c.c. azúcar • 1 copa de brandy • 1 copa de licor de naranja y otros licores al gusto (opcional) • Dejar macerar fruta dos horas • Terminar con soda Nota: en el caso de elaborarse con vino espumoso, este será servido al final	Rodaja de naranja y limón	• Cups de champagne • Sangría

DAISIES

Elaboración	Recipiente o cristal de servicio	Ingredientes principales	Decoración	Ejemplos
Coctelera	Vaso *highball* o copa flauta	• Hielo pilé (en el cristal) • 1 copa de aguardiente • 2 cl. Zumo limón • 6 golpes de granadina • Terminar con soda	Rodaja limón y/o naranja y/o guinda	• Ginebra Daisy • Ron Daisy

EGG NOGS FRÍOS

Elaboración	Recipiente o cristal de servicio	Ingredientes principales	Decoración	Ejemplos
Coctelera	Vaso *highball*	• Copa de aguardiente, oporto o similar • 1 cl azúcar líquida • 2 cl yema de huevo • Una vez batido servir y terminar con leche fría	Nuez moscada	Brandy Egg-Nog.

EGG NOGS CALIENTES

Elaboración	Recipiente o cristal de servicio	Ingredientes principales	Decoración	Ejemplos
Coctelera	Vaso resistente al calor, tipo toddy	• Copa de aguardiente, Oporto o similar • 1 cl azúcar líquida • 2 cl yema de huevo • Una vez batido servir y terminar con leche caliente	Nuez moscada	Oporto Egg-Nog

FIXES

Elaboración	Recipiente o cristal de servicio	Ingredientes principales	Decoración	Ejemplos
Directamente o coctelera	Vaso media combinación	• Hielo frappe para su servicio • 0,5 cl. jarabe de azúcar • 2 cl. jugo de limón • Copa de aguardiente	Rodaja de limón	• Whisky fix • Pisco fix

FIZZES

Elaboración	Recipiente o cristal de servicio	Ingredientes principales	Decoración	Ejemplos
Coctelera	Vaso *highball* o combinación	• 1 copa de aguardiente • 2 cl. zumo limón • 1 cl. azúcar • Soda Variantes: Silver fizz (con clara de huevo), Golden fizz (con yema) y Royal Fizz (huevo y granadina)	½ rodaja limón	• Gin fizz • Whisky fizz

FLIPS

Elaboración	Recipiente o cristal de servicio	Ingredientes principales	Decoración	Ejemplos
Coctelera	Copa cóctel	• Copa de aguardiente, licor o vino • 0,5 cl. jarabe de azúcar • 2 cl. yema de huevo	Nuez moscada o canela espolvoreada	• Porto Flip • Jerez Flip

FRAPPES

Elaboración	Recipiente o cristal de servicio	Ingredientes principales	Decoración	Ejemplos
Directamente	Copa champagne clásica	• Hielo pilé en la copa • Copa licor o bitter o bebidas sin alcohol como zumos	-	• Peppermint frappé • Angostura frappé • Mango frappé

GROGS (CALIENTE)

Elaboración	Recipiente o cristal de servicio	Ingredientes principales	Decoración	Ejemplos
Directamente en vaso o a fuego directo en un cazo	Vaso resistente al calor, vaso grogs o tipo toddy	• Copa de aguardiente caliente • Diluir con agua caliente • Rodaja de limón con 3 o 4 clavos • El terrón de azúcar se impregna con el aguardiente y se flambea	• Corteza o espiral de limón • Rama de canela (opcional)	Brandy Grogs

HIGHBALLS

Elaboración	Recipiente o cristal de servicio	Ingredientes principales	Decoración	Ejemplos
Directamente	Vaso *highball* o combinación	• Hielo en cubos en el recipiente • Copa aguardiente • Terminar con bebidas, principalmente con soda o *ginger ale*	-	Ron highball

JULEPS

Elaboración	Recipiente o cristal de servicio	Ingredientes principales	Decoración	Ejemplos
Directamente	Vaso de media combinación o taza o vaso metálico	• Hielo pilé en recipiente • Copa de aguardiente, vino o licor • 4-6 hojas de menta • Azúcar en polvo • Terminar con soda (opcional) • 1 golpe angostura (opcional) Nota: majar levemente las hojas de menta antes de incorporar el hielo	Ramita de menta y corteza de limón	• Mint Julep • Cava Julep • Cachaça Julep

MULE

Elaboración	Recipiente o cristal de servicio	Ingredientes principales	Decoración	Ejemplos
Directamente	Taza de cobre mule	• Hielo pilé en recipiente • Copa aguardiente • 1 cl zumo de lima • Terminar con cerveza de jengibre	Rodaja de lima y ramita hierbabuena	Moscow Mule

POUSSES CAFÉ

Elaboración	Recipiente o cristal de servicio	Ingredientes principales	Decoración	Ejemplos
Directamente	• Copa flauta, catavinos. • Vaso *shot* o chupito	• Los ingredientes no se mezclan entre sí, sino que se superponen formando distintas capas de colores • Los líquidos (licores, cremas, aguardientes…) se van sirviendo con la ayuda de la cuchara mezcladora de mayor a menor densidad	-	• B-52 • Rainbow

PUFF

Elaboración	Recipiente o cristal de servicio	Ingredientes principales	Decoración	Ejemplos
Directamente	Vaso combinación o *highball*	• Hielo en el recipiente • Copa aguardiente • Copa de leche • Terminar con soda	-	• Brandy Puff • Vodka Puff

RICKEYS

Elaboración	Recipiente o cristal de servicio	Ingredientes principales	Decoración	Ejemplos
Directamente	Vaso combinación o *highball*	• Hielo en cubos en el recipiente • 1/2 lima machacada en la base del vaso • Copa de aguardiente, principalmente ginebra o bourbon • Terminar con soda • Gotas de granadina y azúcar (opcional)	Piel de lima	Gin Rickey

SANGAREES

Elaboración	Recipiente o cristal de servicio	Ingredientes principales	Decoración	Ejemplos
Directamente	Vaso media combinación	• Hielo pilé en el recipiente de servicio • Copa de aguardiente o vino • 1 cl. azúcar líquida	• Nuez moscada espolvoreada • Piel de naranja y/o limón	• Brandy Sangarees • Jerez Sangarees

SHRUBS

Elaboración	Recipiente o cristal de servicio	Ingredientes principales	Decoración	Ejemplos
Directamente	Vaso resistente al calor tipo toddy o similar	• Copa de aguardiente • 1 cl. azúcar líquida • Diluir con agua caliente	Rodaja de limón	• Calvados Shrubs • Ron shrubs

SLING FRÍOS

Elaboración	Recipiente o cristal de servicio	Ingredientes principales	Decoración	Ejemplos
Directamente o Coctelera	Vaso *highball* o combinación	• Hielo en cubos en el recipiente • Copa principalmente de aguardiente • 2-3 cl jugo de limón • 1 golpe de cherry brandy • Terminar con soda	Corteza o rodaja de limón	Ginebra Sling

SLING CALIENTES

Elaboración	Recipiente o cristal de servicio	Ingredientes principales	Decoración	Ejemplos
Directamente	Vaso resistente al calor tipo toddy o similar	• Copa principalmente de aguardiente • 2-3 cl. jugo de limón • 1 cl. azúcar líquida • Terminar con agua caliente	Nuez moscada	Brandy Sling

SMASHES

Elaboración	Recipiente o cristal de servicio	Ingredientes principales	Decoración	Ejemplos
Directamente	Vaso *highball* o combinación	• Hielo pilé en el recipiente • Copa aguardiente • 1 cl. jarabe de azúcar • Agua fría • 4-5 hojas de menta Nota: en primer lugar machacar las hojas de menta con el azúcar y un poco de agua y posteriormente añadir los demás ingredientes	• Menta fresca • Fruta troceada	Ginebra smash

SOURS

Elaboración	Recipiente o cristal de servicio	Ingredientes principales	Decoración	Ejemplos
Coctelera	Copa o vaso sour	• Copa aguardiente o vino • 1 cl. azúcar líquida • 2-3 cl. jugo de limón • 2 cl. clara de huevo (opcional) Nota: pisco sour es obligatorio que lleve clara de agua	Gotas de angostura	• Whisky sour • Pisco sour

TODDIES FRÍOS

Elaboración	Recipiente o cristal de servicio	Ingredientes principales	Decoración	Ejemplos
Directamente	Vaso media combinación	• Hielo en cubitos en recipiente • Copa aguardiente • 1 cl. sirope de azúcar • 1 golpe de angostura • Se termina de llenar con agua fría	Corteza naranja	Whisky toddy

<u>TODDIES CALIENTES</u>

Elaboración	Recipiente o cristal de servicio	Ingredientes principales	Decoración	Ejemplos
Directamente	Vaso toddy	• Copa aguardiente • 1 cl. sirope de azúcar • 1 golpe de angostura • 1 zeste de naranja • Se termina de llenar con agua caliente	Nuez moscada	Brandy Toddy

3. Elaboración de un recetario

A continuación, se expone un recetario con los cócteles más comunes estudiados en unidades anteriores y clasificados en función de su ingrediente su base.

Recuerda

La base de un cóctel es el ingrediente principal del mismo, compuesto principalmente por un aguardiente, como brandy, whisky, ginebra, vodka, tequila, mezcal, pisco, ron, cachaça, entre otros, excepto cuando el cóctel es sin alcohol. Suele representar el 50-60% del total. En más de una ocasión la base suele estar compuesta con más de una bebida, llegando en algún cóctel a tener hasta cinco, como es el caso del cóctel Long Island.

A. Cócteles con vodka

Como ya se mencionó anteriormente, el vodka es el aguardiente con el sabor más neutro, obtenido generalmente por destilación continua a partir de cereales, patatas o ambos, o de otras materias primas vegetales. Su graduación alcohólica mínima son 37,5º vol. y es muy versátil en su uso en coctelería.

Black russian o ruso negro	
Elaboración	Directamente
Ingredientes	- Hielo - 5 cl. vodka - 2 cl. licor de café
Servicio	Vaso old fashioned u on the rock
Nota	White Russian: añadir nata en la superficie para que flote

Bloody Mary	
Elaboración	Vaso mezclador
Ingredientes	- 9 cl. zumo de tomate - 4,5 cl. vodka - 1,5 cl. limón - 2 golpes de salsa Worcestershire - Sal de apio, pimienta y tabasco (al gusto)
Servicio	Vaso highball u old fashioned
Decoración	Rodaja limón y apio

Cosmopolitan	
Elaboración	Coctelera
Ingredientes	- 4 cl. vodka limón - 3 cl. zumo arándanos - 1,5 cl. zumo lima - 1,5 cl. Cointreau
Servicio	Copa cóctel
Decoración	Rodaja de lima

Espresso martini	
Elaboración	Coctelera
Ingredientes	- 5 cl. vodka - 3 cl. Kahlúa - 1 cl. sirope azúcar - 1 espresso
Servicio	Copa cóctel
Decoración	Rodaja de naranja

Novedad

El Espresso martini es quizás el más conocido de los cócteles clásicos contemporáneos que surgieron de la década de 1990.

Sex on the beach	
Elaboración	Directamente
Ingredientes	- 4 cl. vodka - 2 cl. licor de melocotón - 4 cl. zumo arándanos - 4 cl. zumo naranja
Servicio	Highball
Decoración	Media rodaja naranja
French martini	
Elaboración	Coctelera
Ingredientes	- 4,5 cl. vodka - 1,5 cl. licor de frambuesa - 1,5 cl. zumo de piña
Servicio	Copa cóctel o coupete
Decoración	Corteza de limón y frambuesa
Moscow mule	
Elaboración	Directamente
Ingredientes	- 4,5 cl. Smirnoff vodka - 12 cl. cerveza de jengibre - 1 cl. zumo de lima
Servicio	Taza mule
Decoración	Decorar con una rodaja de lima

B. Cócteles con ginebra

La ginebra, el aguardiente de origen holandés, es obtenida de la destilación de un mosto de cereales aromatizado principalmente con bayas de enebro. Su graduación mínima es de 37,5º vol.

Angel face	
Elaboración	Coctelera
Ingredientes	- 3 cl. ginebra - 3 cl. Apricot brandy - 3 cl. calvados
Servicio	Copa cóctel

White lady	
Elaboración	Coctelera
Ingredientes	- 4 cl. ginebra - 3 cl. triple seco - 2 cl. zumo limón
Servicio	Copa cóctel

Clover club	
Elaboración	Coctelera
Ingredientes	- 4,5 cl. ginebra - 1,5 cl. sirope de frambuesa - 1,5 cl. limón - Unas gotas de clara de huevo
Servicio	Copa coupete o cóctel
Decoración	Frambuesa (puede ir en un palillo)

Casino	
Elaboración	Coctelera
Ingredientes	- 4 cl. ginebra Old Tom - 1 cl.Marrasquino Luxardo - 1 cl. zumo de limón - 2 golpes de bitter de naranja
Servicio	Vaso on the rock
Decoración	Decorar con piel de limón y cereza marrasquino

Gin fizz	
Elaboración	Coctelera
Ingredientes	- 4,5 cl. ginebra - 3 cl. zumo de limón - 1 cl. sirope de azúcar - Terminar con soda
Servicio	Vaso tumbler o highbal
Decoración	Decorar con rodaja de limón, piel de limón opcional
Nota	Servir sin hielo

<table>
<tr><td colspan="2">Singapur sling</td><td rowspan="5"></td></tr>
<tr><td>Elaboración</td><td>Coctelera</td></tr>
<tr><td>Ingredientes</td><td>- 3 cl. ginebra
- 1,5 cl. licor de cereza
- 0,75 cl. Cointreau
- 0,75 cl. Bénédictine
- 12 cl. zumo de piña
- 1,5 cl. zumo de lima
- 1 cl. granadina
- 1 golpe de angostura</td></tr>
<tr><td>Servicio</td><td>Vaso huracán</td></tr>
<tr><td>Decoración</td><td>Decorar con piña y cereza marrasquino</td></tr>
<tr><td colspan="2">Martinez</td><td rowspan="5"></td></tr>
<tr><td>Elaboración</td><td>Coctelera</td></tr>
<tr><td>Ingredientes</td><td>- 4,5 cl. ginebra London Dry
- 4,5 cl. vermut rojo
- 1 cucharada de bar de Marrasquino
- 2 golpes de angostura de naranja</td></tr>
<tr><td>Servicio</td><td>Copa cóctel</td></tr>
<tr><td>Decoración</td><td>Piel de limón</td></tr>
<tr><td colspan="2">Monkey gland</td><td rowspan="4"></td></tr>
<tr><td>Elaboración</td><td>Coctelera</td></tr>
<tr><td>Ingredientes</td><td>- 4,5 cl. ginebra
- 4,5 cl. zumo de naranja
- 1,5 cl. absenta
- 1,5 cl. granadina</td></tr>
<tr><td>Servicio</td><td>Copa cóctel o similar</td></tr>
<tr><td colspan="2">Paradise</td><td rowspan="4"></td></tr>
<tr><td>Elaboración</td><td>Coctelera</td></tr>
<tr><td>Ingredientes</td><td>- 3 cl. ginebra
- 2 cl. apricot brandy
- 1,5 c.l zumo de naranja</td></tr>
<tr><td>Servicio</td><td>Copa cóctel</td></tr>
</table>

John Collins	
Elaboración	Directamente
Ingredientes	- 4,5 cl. ginebra - 3 cl. zumo limón - 1,5 cl. sirope de azúcar - Terminar con soda
Servicio	Vaso collins
Decoración	Rodaja de limón y cereza marrasquino
Nota	Tom Collins: sustituir por ginebra Old Tom

Dry Martini	
Elaboración	Vaso mezclador
Ingredientes	- 6 cl. ginebra - 1 cl. vermut extra dry
Servicio	Copa cóctel aromatizada con piel de limón
Decoración	Aceituna (puede ir en un palillo) y/o twice de limón
Nota	• Vodkatini: sustituimos la ginebra por vodka • Dirty Martini: añadimos 1 cl. del líquido conservante de la aceituna • Gibson: se decora con cebollitas encurtidas

 **Saber más**

El Dry Martini fue el símbolo de la celebración del fin de la Ley Seca en la casa blanca.

C. Cócteles con ron y cachaça

Conocido como el aguardiente original del Caribe, el ron es obtenido de la destilación del guarapo, que recordemos que es el jugo, jarabe o las melazas de la caña de azúcar fermentadas o de sus mezclas. Su contenido alcohólico mínimo de 37,5º vol.

La cachaça, al igual que el ron, es un aguardiente cuya elaboración también procede de la caña de azúcar, pero en este caso es elaborado en Brasil, siendo el componente base de uno de los cocteles más famosos mundialmente y el más consumido en el país: la Caipiriña.

En cuanto a los cócteles con base de ron y cachaça, detallamos las recetas más conocidas internacionalmente.

Caipirinha		
Elaboración	Directamente	
Ingredientes	- 6 cl. cachaça - 1 lima troceada - 4 cucharadas de bar de azúcar	
Servicio	Vaso old fashioned	
Nota	Caipiroska: sustituir la cachaça por vodka	

Daiquiri		
Elaboración	Coctelera	
Ingredientes	- 6 cl. ron blanco - 2 cl. zumo lima - 2 cucharadas azúcar fina	
Servicio	Copa cóctel	
Decoración	Corteza de lima o limón	
Nota	Daiquiri frozen clásico o frutas: elaboración en batidora	

Mai Tai		
Elaboración	Coctelera	
Ingredientes	- 3 cl. ron ámbar jamaicano - 3 cl ron melaza de Martinica - 3 cl. zumo de lima - 1,5 cl. Orange Curaçao - 1,5 cl. sirope Orgeat - 0,7 cl. sirope azúcar	
Servicio	Vaso highball o estilo Tiki con hielo pilé	
Decoración	Piña, lima, menta y pajita	

Piña colada		
Elaboración	Batidora con hielo	
Ingredientes	- 5 cl. zumo piña - 5 cl. ron blanco - 3 cl. crema de coco	
Servicio	Copa hurricane o vaso grande de diseño	
Decoración	Piña y cereza	

Mojito	
Elaboración	Directamente
Ingredientes	- 4,5 cl. ron blanco - 2 cl. zumo lima - 6 hojas de menta - 2 cucharaditas de azúcar blanca - Terminar con soda
Servicio	Vaso highball
Decoración	Hoja hierbabuena, rodaja de lima y pajita
Nota	Opcionalmente puede añadirse un golpe de angostura

Saber más

Es bien sabido que el origen del mojito es cubano. Su nombre viene de 'mojo', aliño cubano hecho con lima para aderezar platos. Sin embargo, pocos conocen su historia. Anteriormente era conocido como El Draque en honor al pirata inglés Sir Francis Drake, quien supuestamente originó la primera receta con el fin de combatir el escorbuto (enfermedad típica de los marineros).

Mary pickford	
Elaboración	Coctelera
Ingredientes	- 4,5 cl. ron blanco - 4,5 cl. zumo de piña - 0,75 cl. Marrasquino Luxardo - 0,5 cl. sirope de granadina
Servicio	Copa cóctel

Barracuda	
Elaboración	Batidora con hielo
Ingredientes	- 4,5 cl. ron dorado - 1,5 cl. Galliano - 6 cl. zumo de piña - 1 golpe de zumo de lima - Terminar con proseco
Servicio	Vaso highball
Decoración	Piña y cereza, opcional menta para aporta aroma adicional

Zombie	
Elaboración	Batidora con hielo
Ingredientes	- 4,5 cl. ron negro jamaicano - 4,5 cl. ron dorado Puerto Rico - 3 cl. ron de Demerara - 2 cl. zumo de lima - 1,5 cl. Falernum - 1,5 cl. Donn's Mix - 0,5 cl. granadina - 1 golpe de angostura - 6 gotas de Pernod
Servicio	Vaso tumbler o highball
Decoración	Decorar con hojas de menta
Nota	• Donn's Mix: 2 partes de zumo de pomelo y una parte de sirope de canela • Falernum: sirope de jengibre, clavo, almendra y lima, entre otros

Arroz con leche	
Elaboración	Coctelera
Ingredientes	- 4 cl. ron blanco - 3 cl. crema de arroz con leche - 1 cl. limón
Servicio	Copa cóctel o coupete
Decoración	Canela espolvoreada y zeste de limón

Café Jamaicano	
Elaboración	Directamente
Ingredientes	- 3 cl. ron - 2 cl. Tía María - 12 cl. café - 5 cl. tata semimontada - 1 terrón de azúcar morena
Servicio	Vaso toddy o similar
Decoración	Café en grano o espolvoreado
Nota	El ron puede ser flambeado en el mismo recipiente junto con el azúcar

D. Cócteles con brandy

Veamos ahora los cócteles más destacados elaborados con el aguardiente obtenido de la destilación del vino, el brandy. Recordemos que los más destacados y utilizados en coctelería son: brandy español, cognac, Armagnac y el pisco.

Alexander	
Elaboración	Coctelera
Ingredientes	- 3 cl. nata líquida - 3 cl. licor o crema de cacao - 3 cl. brandy
Servicio	Copa cóctel
Decoración	Nuez moscada rallada
Nota	Alexandra: cambiamos el brandy por gin

Pisco sour	
Elaboración	Coctelera
Ingredientes	- 6 cl. pisco - 3 cl. zumo limón - 2 cl. sirope azúcar - 1 clara de huevo
Servicio	Copa coupete
Decoración	Gotas de angostura

Sidecar	
Elaboración	Coctelera
Ingredientes	- 5 cl. coñac - 2 cl. triple Seco - 2 cl. zumo de limón
Servicio	Copa de cóctel
Decoración	Zeste de naranja

French connection	
Elaboración	Coctelera
Ingredientes	- Hielo en cubos - 3,5 cl. coñac - 3,5 cl. Amaretto
Servicio	Vaso old fashioned

Brandy crusta		
Elaboración	Vaso mezclador	
Ingredientes	- 5,25 cl. brandy - 0,75 cl. Marrasquino Luxardo - 0,5 cl. Curaçao - 1,5 cl. zumo de limón - 0,5 cl. sirope de azúcar - 2 golpes de bitter	
Servicio	Copa de cóctel delgada	
Decoración	- Frotar con una rodaja de naranja o limón el borde de la copa y escarchar azúcar. - Añadir espiral gruesa de piel de naranja o limón dentro de la copa	
VE.N.TO		
Elaboración	Coctelera	
Ingredientes	- Hielo en cubos - 4,5 cl. grapa blanca - 2,25 cl. zumo de limón - 1,5 cl. miel con camomila - 1,5 cl. cordial de camomila - 1 cl. clara de huevo (opcional)	
Servicio	Vaso old fashioned	
Decoración	Decorar con piel de limón y uvas blancas	

 **Saber más**

El cóctel VE.N.TO fue el primer cóctel con grapa incluido en IBA.

E. Cócteles con whisky

Recordemos que el whisky es el aguardiente obtenido por la destilación de un mosto fermentado de cereales malteados, en presencia o no de granos enteros de cereales no malteados, y posterior envejecimiento en barricas de roble, generalmente usadas.

Su grado alcohólico mínimo es de 40º vol. Respecto a los cócteles con whisky esta selección representa aquellos de mayor prestigio desde el origen de los cócteles.

Café irlandés	
Elaboración	Directamente
Ingredientes	- 5 cl. whisky irlandés - 12 cl. café - 5 cl. nata semimontada - 1 terrón de azúcar
Servicio	Copa café irlandés
Decoración	Café en grano o espolvoreado

Manhattan	
Elaboración	Vaso mezclador
Ingredientes	- 5 cl. whisky Rye o Canadian club - 2 cl. vermú rojo - 1 golpe de angostura
Servicio	Copa cóctel
Decoración	Guinda marrasquino
Nota	Rob Roy: sustituir el whisky por uno de origen escocés

Rusty nail	
Elaboración	Directamente
Ingredientes	- 4,5 cl. whisky Escocés - 2,5 cl. Drambuie
Servicio	Vaso old fashioned con hielo
Decoración	Decorar con piel de limón

Whisky sour	
Elaboración	Coctelera
Ingredientes	- 4,5 cl. Whisky - 2,5 cl. Zumo limón - 2 cl. Sirope azúcar - 3 cl. Clara de huevo (opcional)
Servicio	Copa cóctel u old fashioned con hielo
Decoración	Media luna de naranja y cereza marrasquino

Mint julep	
Elaboración	Directamente
Ingredientes	- 6 cl. Bourbon whiskey - 4 hojas de menta - 1 cuchara de bar de azúcar glas - 2 cucharada de bar de agua
Servicio	Vaso Julep
Decoración	Decorar con hojas de menta

Boulevadier		
Elaboración	Coctelera	
Ingredientes	- 4,5 cl. Bourbon - 3 cl. Campari - 3 cl. vermú rojo	
Servicio	Copa de cóctel	
Decoración	Zeste de naranja	
Old fashioned		
Elaboración	Directamente	
Ingredientes	- 4.5 cl. Bourbon o whisky centeno - 2 golpes angostura - 1 terrón de azúcar - gotas de agua mineral	
Servicio	Vaso old fashioned	
Decoración	Rodaja de naranja y/o cereza marrasquino	
Nota	Impregnar el azúcar con la angostura, machacar, añadir los líquidos poco a poco hasta diluir el azúcar	

Recuerda

El cóctel Old Fashioned es considerado el primer cóctel de la historia.

F. Cócteles con tequila o mezcal

El tequila es original de Jalisco, México, siendo considerada como la bebida por excelencia del país. El tequila es el aguardiente elaborado a partir de la destilación del pulque, bebida fermentada a partir del jugo de las piñas de agave o maguey azul. Tras la recolección y antes de la fermentación de las piñas, estas son cocidas y en este proceso es donde el tequila adquiere su característico sabor y aroma a ahumado.

La bebida por excelencia elaborada a partir de este producto es el Margarita.

Por otro lado, está el mezcal que, al igual que el tequila, se elabora a partir del agave, pero en este caso puede utilizarse hasta unas 20 variedades diferentes de maguey. Por el contrario, en el tequila solo puede utilizarse el agave azul, siendo esta una de sus principales diferencias.

Margarita		
Elaboración	Coctelera	
Ingredientes	- 5 cl. tequila 100% agave - 2 cl. triple seco - 1.5 cl. zumo de lima	
Servicio	Copa margarita	
Decoración	Impregnar la copa de zumo limón y sal	

Importante

El margarita es sin ninguna duda el cóctel con tequila más famoso del mundo.

Tequila sunrise	
Elaboración	Directamente
Ingredientes	- 4.5 cl. tequila - 9 cl. zumo naranja - 1.5 cl. granadina
Servicio	Highball
Decoración	Rodaja o zeste de naranja
Paloma	
Elaboración	Directamente
Ingredientes	- 5,0 cl. tequila - 0,5 cl. zumo de lima - Una pizca de sal - 10 cl. soda rosa de pomelo
Servicio	Vaso highball
Decoración	Decorar con una rodaja de lima

Ilegal	
Elaboración	Coctelera
Ingredientes	- 3 cl. mezcal - 1,5 cl. ron blanco jamaicano Over proof - 1,5 cl. Falernum - 1 cuchara de bar de Marrasquino Luxardo - 2,25 cl. zumo de lima - 1,5 cl. sirope de azúcar - Unas gotas de clara de huevo (opcional)
Servicio	Copa cóctel o vaso on the rock
Naked and famous	
Elaboración	Coctelera
Ingredientes	- 2,25 cl. Mezcal - 2,25 cl. Chartreuse amarillo - 2,25 cl. Aperol - 2,25 cl. Zumo de lima
Servicio	Copa cóctel

G. Cócteles con Jerez y otros vinos generosos

Los vinos generosos son definidos según BOE del Código del Sector Vitivinícola como el vino obtenido a partir de mosto, de mosto parcialmente fermentado, vino, o de sus mezclas, con un mínimo de 12% vol. alcohólico natural de base y que suelen ser encabezados (adicción de alcohol) hasta tener una graduación alcohólica entre los 15 y 22% vol.

Los vinos más famosos del mundo de este tipo son los elaborados en Andalucía, destacando Denominaciones de Origen como Jerez-Xérès-Sherry, Manzanilla de Sanlúcar de Barrameda, Montilla-Moriles, Málaga y el Condado de Huelva.

Son vinos que destacan y se clasifican por el tipo de crianza:

- **Crianza biológica o bajo velo de flor**: finos y manzanillas.
- **Crianza oxidativa**: olorosos y dulces.
- **Crianza mixta**: amontillado y palo cortado.

Internacionalmente destacan otros vinos generosos como son los vinos de Oporto, Maderia y Jura.

Porto flip	
Elaboración	Coctelera
Ingredientes	- 1,5 cl. brandy - 4,5 cl. vino Porto Red Tawny - 1 cl. yema de huevo
Servicio	Copa cóctel o similar
Decoración	Nuez moscada
Rebujito	
Elaboración	Directamente
Ingredientes	- Hielo en cubos - 5 cl. vino fino o manzanilla - 4-6 hojas de hierbabuena - Terminar con soda o bebida carbonatada de lima-limón
Servicio	Vaso highball
Decoración	Rama hierbabuena y rodaja de limón
Nota	Otra opción es elaborarlo en grandes porciones, para ello se utilizará una jarra de cristal
Amontillado sour	
Elaboración	Coctelera
Ingredientes	- 5 cl. vino Jerez Amontillado - 2 cl. zumo de limón - 1,5 cl. azúcar líquida - 1,5 cl. clara de huevo
Servicio	Copa cóctel
Decoración	3 gotas de angostura
Andaluza	
Elaboración	Coctelera
Ingredientes	- 5 cl. Vino Fino o Manzanilla - 3 cl. Zumo de naranja. - 0,5 cl. Jarabe de azúcar
Servicio	Vaso de media combinación
Decoración	Rodaja de naranja
Nota	Cóctel japonesa: sustituir vino por brandy

Importante

Como su propio nombre indica, el cóctel Andaluza es un homenaje a la maravillosa tierra de Andalucía. Se puede tomar como aperitivo y como digestivo es muy refrescante.

H. Cócteles con espumosos

Estos cócteles están preparados con base de vinos espumosos. Los más destacados y utilizados en coctelería son:

- Champagne, elaborado en la región de Champagne Francia.
- Cremant, elaborados en Francia, pero en zonas diferentes a Champagne.
- Cava, elaborado en varias comunidades autónomas de España, siendo su referente la zona del Penedés en Cataluña.
- Proseco, elaborado en Italia.
- Seckt, elaborados en Alemania.

Según el lugar de producción, es utilizado un método de elaboración diferente y variedades de uvas diversas, lo que los hace que sean únicos.

Kir royal		
Elaboración	Directamente	
Ingredientes	- 9 cl. vino espumoso - 1 cl. crema de cassis	
Servicio	Copa espumoso	
Decoración	Grosella u otro fruto rojo	
Nota	Kir: sustituir vino espumoso por vino blanco	

Bellini	
Elaboración	Directamente
Ingredientes	- 10 cl. vino espumoso - 5 cl. puré melocotón
Servicio	Copa flauta
Decoración	Nuez moscada
Champagne	
Elaboración	Directamente
Ingredientes	- 9 cl. de champagne frío - 1 cl. de coñac - 2 golpes de angostura - Unas gotas de Grand Marnier (opcional) - 1 terrón de azúcar
Servicio	Copa flauta o coupete
Decoración	Zeste naranja y cereza marrasquino
Mimosa	
Elaboración	Directamente
Ingredientes	- 7,5 cl. Prosecco - 7,5 cl. zumo de naranja
Servicio	Copa flauta
Decoración	Zeste naranja y cereza marrasquino
Aperol spritz	
Elaboración	Directamente
Ingredientes	- 9 cl. Prosecco - 6 cl. Aperol - Terminar con un golpe de soda
Servicio	Copa de vino
Decoración	Garnish with a slice of orange
Nota	Hay varias versiones de Spritz donde se sustituye el Aperol por Campari o Cynar. En este caso se sirve primero el prosecco, posteriormente el Aperol y por último la soda

I. Cócteles sin alcohol

No podemos olvidar la importancia de conocer y elaborar de forma efectiva los cócteles sin alcohol, que recordemos están aumentando su demanda en la actualidad.

Para la elaboración de los cocteles sin alcohol las bebidas principales van a ser jugos de frutas y vegetales, siropes, bebidas refrescantes y bebidas alcohólicas a las que se les ha eliminado el alcohol.

Para elaborar cócteles sin alcohol lo primero que debemos tener en cuenta es qué tipo de cóctel queremos preparar, es decir, de aperitivo, trago largo, refrescante, frío o caliente, entre otros.

Para elaborar los cócteles sin alcohol atenderemos a la composición principal que deben tener los cócteles:

- **Base:** es el ingrediente principal del cóctel y, aunque normalmente está compuesta por bebidas alcohólicas, en este caso la sustituiremos por bebidas sin alcohol. Por lo que, aquí, cuando nos referimos a la bebida o bebidas base del cóctel, serán las que predominen en la bebida. Pueden ser jugos y/o purés de naranja, piña, plátano, tomate, pomelo, zanahoria, té, café, entre otras muchas. Suele representar entre el 50-60% del total.
- **Modificador:** como su propio nombre indica, es el componente que va a modificar el sabor de la bebida base, suelen ser aromáticos. En este caso suele suponer entre el 20-40%. Entre los más habituales encontramos:
    - Siropes: *orgeat* (almendra amarga), granadina, lima, jalapeños, menta y melón, entre muchas más.
    - Mermeladas.
    - Licores sin alcohol: manzana, mora, frambuesa, flor de sauco, melón, etc.
    - Bebidas y cremas vegetales: avena, coco, chufa, avellana, soja y arroz, entre otras.
    - Agentes grasos: leche, nata, huevo (clara y/o yema), etc.

- **Corrector:** el objetivo es rectificar la bebida en cuanto a sabor, aroma, color, contenido alcohólico, densidad y/o textura. Estos suelen suponer alrededor del 10%. Recordemos que en algunas ocasiones los ingredientes utilizados actúan también como elemento decorativo. Correctores más característicos:
  - Bebidas refrescantes: tónica, soda, cola, naranja, limón, lima, fresa, etc.
  - Edulcorantes: sirope de agave, azúcar y miel.
  - Condimentos y especias: sal, pimienta, azúcar, nuez moscada, vainilla, cacao, canela y guindilla, entre otros.
- **Decoración:** debe ser considerada como un ingrediente más y ser atractiva a la vista.

Novedad

En la actualidad se están fabricando bebidas sin alcohol simulando el sabor de aguardientes, como ginebras y wiskis. Por lo que pueden utilizarse para las elaboraciones de cócteles sin alcohol.

Una de las principales tendencias a la hora de elaborar cócteles sin alcohol, es simular los cócteles clásicos con alcohol, pero sustituyendo sus componentes alcohólicos, en este caso, el objetivo es que sus características organolépticas sean lo más parecidas posible.

Cuando se simulan los cócteles clásicos suelen llevar antes del nombre la palabra Virgin. Por ejemplo: Virgin Mojito o Virgin Mary.

Virgin mary		
Elaboración	Vaso mezclador	
Ingredientes	- 12 cl. zumo de tomate - 2 cl. limón - 3 golpes salsa Worcestershire - Sal de apio, pimienta y tabasco (al gusto)	
Servicio	Vaso highball u old fashioned	
Decoración	Rodaja limón y apio	

San francisco	
Elaboración	Coctelera
Ingredientes	- Hielo en cubos - 2,5 cl. zumo naranja - 2,5 cl. zumo piña - 2,5 cl. zumo limón - 2,5 cl. zumo melocotón (opcional) - 2-3 golpes de granadina
Servicio	Vaso highball
Decoración	Escarchar con azúcar y granadina y acompañar con rodaja de limón y naranja

Shirley temple	
Elaboración	Directamente
Ingredientes	- Hielo en cubos - 5 cl. zumo naranja - 2 golpes de granadina - Terminar con ginger ale
Servicio	Highball
Decoración	Cereza y rodaja de limón

Piña colada sin alcohol	
Elaboración	Batidora con hielo
Ingredientes	- 1 cl. leche - 4 cl. crema de coco - 6 cl. piña
Servicio	Copa hurricane
Decoración	Cuña de piña y guinda

Very well	
Elaboración	Coctelera
Ingredientes	- 2 cl. zumo naranja - 2 cl. zumo limón - 1 cl. zumo de piña - 2 golpes de granadina
Servicio	Copa flauta o vino
Decoración	Escarchar la copa con azúcar y granadina y decorar con rodaja de naranja y guinda roja

J. Combinados y otros cócteles

Finalmente, vamos a conocer algunas recetas de los combinados más destacados y de otros cócteles donde no predomina ningún ingrediente base. En primer lugar, veamos un listado de los combinados más conocidos.

Gin tonic	
Elaboración	Directamente
Ingredientes	- Hielo en cubos - 5 cl. ginebra - Terminar con tónica
Servicio	Vaso highball o copa gin tonic
Decoración	Rodaja o zeste de limón
Nota	Según el tipo de ginebra utilizada puede aromatizarse y decorarse con diferentes ingredientes, como eneldo, romero, tomillo, naranja, hibiscos y pepino entre otros

Cuba libre	
Elaboración	Directamente
Ingredientes	- Hielo en cubos - 5 cl. ron blanco - 12 cl. coca cola - 1 cl. zumo fresco de lima
Servicio	Vaso highball
Decoración	Rodaja o cuña de lima

RAF	
Elaboración	Directamente
Ingredientes	- Hielos en cubos - 5 cl. ginebra - Terminar con coca cola
Servicio	Vaso highball
Decoración	Rodaja o cuña de limón
Nota	RAF procede de las palabras Royal Air Force

Horse´s neck	
Elaboración	Directamente
Ingredientes	- Hielo en cubos - 4 cl. coñac - 12 cl. ginger ale - 1 golpe de Angostura (opcional)
Servicio	Vaso highball
Decoración	Rodaja o espiral de limón
Dark 'n' stormy	
Elaboración	Directamente
Ingredientes	- Hielo en cubos - 6 cl. ron Gosling - 10 cl. cerveza de jengibre
Servicio	Vaso highball
Decoración	Rodaja de lima
Nota	Añadir en primer lugar la cerveza de jengibre
Destornillador o screwdriver	
Elaboración	Directamente
Ingredientes	- 5 cl. vodka - 10 cl. zumo de naranja
Servicio	Vaso highball
Decoración	Rodaja de naranja

Por otro lado, otros cócteles destacados son los siguientes.

Americano	
Elaboración	Directamente
Ingredientes	- 3 cl. Campari - 3 cl. vermut rojo - Terminar con golpe de soda (opcional)
Servicio	Vaso old fashioned
Decoración	Piel o rodaja de naranja

Negroni	
Elaboración	Directamente
Ingredientes	- 3 cl. ginebra - 3 cl. vermut rojo - 3 cl. Campari
Servicio	Vaso old fashioned
Decoración	Rodaja de naranja y/o twice de naranja

Grasshopper	
Elaboración	Coctelera
Ingredientes	- 2 cl. Crema de cacao blanco - 2 cl. Crema de menta verde - 2 cl. Nata líquida
Servicio	Copa cóctel
Decoración	Cacao espolvoreado (opcional)

Long island ice tea	
Elaboración	Directamente
Ingredientes	- Hielo en cubos - 1,5 cl. vodka - 1,5 cl. tequila - 1,5 cl. ron blanco - 1,5 cl. ginebra - 1,5 cl. Cointreau - 3 cl. zumo de limón - 2 cl. sirope de azúcar - Terminar con coca cola
Servicio	Vaso highball con hielo
Decoración	Rodaja de limón

B-52	
Elaboración	Directamente
Ingredientes	- 2 cl. Kahlúa - 2 cl. Baileys - 2 cl. Grand Marnier
Servicio	Vaso shot
Nota	Cuando se flambea como aparece en la imagen pasa a denominarse "flaming B-52"

Golden Dream	
Elaboración	Coctelera
Ingredientes	- 2 cl. Galliano - 2 cl. triple seco - 2 cl. zumo de naranja - 1 cl. nata líquida
Servicio	Copa cóctel o coupete

Michelada	
Elaboración	Coctelera
Ingredientes	- Hielo - 33 cl. cerveza rubia - 6 cl. zumo de lima - 1 cl. salsa picante - 1 golpe de salsa Worcestershire
Servicio	Vaso highball
Decoración	Escarchar vaso con zumo de lima y sal con cayena y una rodaja de lima

Resumen

La coctelería por series se basa en agrupar cócteles que comparten características comunes, como el tipo de aguardiente utilizado, el método de preparación o el recipiente de servicio. Algunas de las series más destacadas incluyen los Cobblers, Collins, Crusta, Daisies, Fizzes, Egg Nogs, Flips, Grogs, Highballs, Juleps, Sours, Slings, Shrubs, Smash, Frappés, Fixes, Cups, Pousses Café, entre otros.

Cada serie tiene particularidades definidas: por ejemplo, los Fizz se caracterizan por su efervescencia gracias a la soda; los Crusta por el escarchado de la copa; los Flips por el uso de yema de huevo y nuez moscada, y los Egg Nogs por su base de yema, azúcar y leche (fríos o calientes). También se detallan cócteles representativos por bases alcohólicas (vodka, ginebra, ron, brandy, whisky, tequila, vinos generosos y espumosos), así como cócteles sin alcohol y combinados clásicos.

Glosario

Crusta

Cócteles servidos en copas escarchadas con azúcar y decorados con espiral de cítricos.

Fizz

Familia de cócteles que incluye soda, como el Gin Fizz o el Whisky Fizz.

Julep

Familia de cócteles que contiene menta majada, azúcar y aguardiente, como el clásico Mint Julep.

Series de coctelería

Clasificación de cócteles basada en rasgos comunes como ingredientes, preparación o tipo de vaso.

Sour

Cócteles equilibrados entre dulzor y acidez, como el Whisky Sour o Pisco Sour, que pueden incluir clara de huevo.

Ejercicios de autoevaluación

1. ¿Qué caracteriza a la familia de cócteles tipo "Fizz"?

    a. El uso exclusivo de vermut.

    b. La incorporación de soda y zumo de limón.

    c. Llevar siempre clara de huevo.

2. ¿Qué ingrediente base se usa en un "Brandy Crusta"?

    a. Vodka.

    b. Ron.

    c. Brandy.

3. ¿Cuál es la diferencia principal entre un "Egg Nog" frío y uno caliente?

    a. La ausencia de huevo.

    b. La temperatura de la leche al servir.

    c. La falta de alcohol.

4. ¿Qué caracteriza a los cócteles de la familia "Cups"?

    a. Suelen tener base de whisky.

    b. Se elaboran en grandes jarras con frutas y vinos.

    c. Solo se sirven en copas de cóctel.

5. ¿Qué bebida gaseosa se emplea habitualmente en los "Coolers"?

    a. Tónica.

    b. Ginger ale.

    c. Soda de limón.

6. ¿Qué cóctel pertenece a la familia "Sours"?

  a. Mojito.
  b. Espresso Martini.
  c. Pisco Sour.

7. ¿Qué cóctel sin alcohol es similar al Bloody Mary?

  a. Shirley Temple.
  b. Virgin Mary.
  c. San Francisco.

8. ¿Qué cóctel incluye licor de café y vodka?

  a. Black Russian.
  b. Dry Martini.
  c. White Lady.

9. ¿Cuál es el recipiente ideal para servir un "Moscow Mule"?

  a. Vaso old fashioned.
  b. Copa cóctel.
  c. Taza de cobre.

10. ¿Qué ingrediente se utiliza para escarchar copas en cócteles tipo "Crusta"?

  a. Cacao y leche.
  b. Azúcar y cítricos.
  c. Menta y hielo.

U. A. 6. Realización de la decoración de cócteles y bebidas

Introducción

La decoración de los cócteles va mucho más allá del aspecto estético: aporta aroma, sabor, textura y personalidad a la bebida. En coctelería profesional, decorar no es simplemente adornar, sino completar la experiencia sensorial del cliente. Para ello, es fundamental conocer las normas básicas, los tipos de decoraciones, las herramientas adecuadas, y el uso responsable y creativo de ingredientes como frutas, hierbas, especias, flores comestibles y elementos sostenibles.

Esta unidad permite adquirir una visión técnica y artística del *garnish,* parte esencial de cualquier cóctel bien elaborado.

Objetivos

- Conocer las normas básicas para una decoración de cócteles segura, funcional y atractiva.
- Identificar las técnicas de escarchado y otros métodos decorativos comunes.
- Utilizar correctamente herramientas como pinzas, cuchillos, peladores y brochetas.
- Reconocer frutas, hierbas, flores y otros alimentos utilizados en la decoración.
- Aplicar criterios de higiene, sostenibilidad y coherencia estética en cada preparación.

1. Descripción de las normas de decoración de cócteles y bebidas

La decoración de cócteles (también llamada *garnish*) no es solo estética, sino que también cumple funciones sensoriales, funcionales y hasta emocionales.

Una buena decoración complementa el aroma, sabor, textura y presentación del cóctel. Sin embargo, debe seguir ciertas normas fundamentales para ser efectiva, profesional y segura.

Algunas de las principales normas a seguir para la decoración de cócteles y bebidas son:

- **Funcionalidad.** La decoración debe tener una función clara, ya sea:
    - Aromática (como la menta o la piel de cítricos).
    - Visual (atractiva y coherente con el estilo del cóctel).
    - Sensorial (textura, sabor).
  No debe ser simplemente ornamental si no aporta valor sensorial o conceptual.

- **Proporción y equilibrio:**
    - La decoración no debe opacar el cóctel ni desequilibrarlo.
    - Debe tener un tamaño adecuado al vaso y al volumen de la bebida.
    - Evita elementos excesivamente grandes, pesados o llamativos que resulten molestos al beber.

- **Aromática y armónica:**
    - El *garnish* debe complementar los aromas del cóctel, no competir con ellos. Por ejemplo, menta en un Mojito, twist de naranja en un Old Fashioned.
    - El primer contacto con un cóctel es olfativo, así que la decoración debe oler bien y estar fresca.

- **Ingredientes comestibles y frescos:**
    - Toda decoración debe ser comestible o segura para el contacto con la bebida. Hay que evitar flores no comestibles, frutas en mal estado o plásticos inseguros.

- Usa ingredientes frescos, limpios y bien cortados (frutas, hierbas, especias, flores comestibles).

- **Coherencia estética y temática.** El *garnish* debe tener coherencia con el estilo del cóctel:
  - Un cóctel tropical puede llevar piña, hojas de palma o flores.
  - Un cóctel clásico necesita una decoración elegante y sobria.

  La decoración también puede reflejar la historia o el nombre del cóctel.

- **Higiene y manipulación:**
  - Usar pinzas o guantes limpios para manipular decoraciones.
  - Nunca usar directamente las manos si se va a colocar algo dentro de la bebida.
  - Evitar elementos que puedan deshacerse o contaminar el cóctel (como frutas oxidadas o decoraciones plásticas baratas).

- **Temperatura y textura.** La decoración debe estar a la temperatura correcta:
  - Hierbas frescas deben estar hidratadas y frías.
  - Frutas deben estar firmes y no aguadas.
  - Cáscaras o pieles deben estar bien cortadas (no secas ni mustias).

- **Técnica de corte y presentación.** Las frutas, cáscaras o elementos decorativos deben estar cortados con precisión. Se debe usar cuchillos afilados o herramientas adecuadas (peladores, zesters, pinzas). Por ejemplo: twist de limón bien enrollado, rodajas finas de pepino, espirales perfectas de piel.

- **Estabilidad y comodidad.** La decoración no debe interferir con el consumo del cóctel:
  - Evitar decoraciones que se caigan, se hundan o molesten al beber.
  - Debe mantenerse estable en la copa durante toda la experiencia.

⚠️ Importante

- Evita decoraciones de un solo uso innecesarias (plásticos, palillos decorativos no reciclables).
- Opta por productos locales, de temporada y reutilizables cuando sea posible.
- Algunas barras usan cáscaras o sobras de ingredientes para hacer decoraciones, reduciendo desperdicio.

La decoración en los cócteles debe ser considerada como un ingrediente más de la bebida, haciendo una doble función: la de decorar y la de aportar sabor y aromas a la bebida. Por ello, debemos de alejarnos de las decoraciones que no aporten estos criterios, como sombrillas de decoración y similares.

En la coctelería internacional se recomienda que se mantengan las decoraciones tal y como se describen en el recetario.

Por supuesto, todos los elementos utilizados para la decoración deben estar perfectamente lavados y en su punto óptimo de maduración y frescor.

Fig. 1. Los elementos decorativos se consideran ingredientes

Una de las técnicas más destacados en la decoración de los cócteles es el escarchado de la copa, es decir, impregnar el borde de la copa con un líquido y un granulado.

ESCARCHADO DEL BORDE (azúcar, sal, especias)	
Uso: Margarita, Daiquiri, cocteles sin alcohol **Aporta:** sabor y efecto visual **Paso a paso:** 1. Humedece el borde del vaso con limón, lima o un jarabe 2. Pasa el borde por un plato con sal, azúcar o mezcla especiada 3. Gira el vaso suavemente para que el escarchado sea uniforme 4. Deja secar 30 segundos antes de servir **Variaciones:** • Azúcar + canela → cocteles otoñales • Sal rosa + chile en polvo → Micheladas o Margaritas picantes • Azúcar de colores → mocktails o bebidas infantiles	

Sugerencia

Una forma elegante y sabrosa de decorar es escarchar el borde del vaso con:

- Sal (Margarita).
- Azúcar (Daiquiri, cócteles dulces).
- Azúcar con especias (canela, jengibre).
- Chiles o especias picantes (Micheladas, Bloody Mary).

Otras de las técnicas más usadas de decoraciones para cócteles son las que se exponen a continuación.

RODAJAS, RUEDAS O MEDIAS LUNAS DE CÍTRICOS

Uso: Spritz, Gin Tonic, refrescantes

Aporta: color, estructura, aroma

Paso a paso:
1. Corta rodajas delgadas de limón, lima o naranja (con mandolina si puedes)
2. Puedes deshidratarlas para almacenarlas más tiempo
3. Inserta como media luna en el borde o flotando

Consejo: las rodajas deshidratadas flotan mejor y no enfrían la bebida

---

TWIST Y ZESTE DE CÍTRICOS (limón, naranja, pomelo)

Uso: Old Fashioned, Negroni, Martini

Aporta: aroma cítrico, elegancia, brillo natural

Diferencias:
- Twist: tira de piel más larga y con forma enrollada (decorativa).
- Zeste: fragmento fino de piel exprimido sobre el cóctel (aromático).

Paso a paso:
1. Usa un pelador o zester profesional
2. Corta una tira de piel evitando la parte blanca (albedo)
3. Para zeste: exprímelo sobre el cóctel para liberar los aceites aromáticos
4. Para twist decorativo: enróllalo sobre una cuchara o pajilla, colócalo en el borde o dentro del cóctel

Consejo: para un efecto más sofisticado, recorta el zeste con forma limpia y utiliza pinzas

---

FRUTA FRESCA O BROCHETA DE FRUTAS

Uso: Piña Colada, Mai Tai, Sangría, Punch

Aporta: color, sabor, volumen decorativo

Paso a paso:
1. Corta triángulos, abanicos o bolas de fruta con molde
2. Usa palillos de cóctel o brochetas de bambú para combinar varias frutas (ej: piña + cereza + kiwi)
3. Acomódala sobre el borde del vaso o atravesando el hielo

Consejo: evita frutas demasiado maduras que se deshagan fácilmente

RAMILLETE DE MENTA O ALBAHACA

Uso: Mojitos, juleps, cócteles tropicales o sin alcohol

Aporta: aroma fresco y visual frondoso

Paso a paso:
1. Selecciona ramas pequeñas con hojas sanas y verdes
2. Golpea ligeramente el ramillete contra la palma de la mano (esto activa los aceites esenciales)
3. Inserta el ramillete al borde del vaso o entre el hielo
4. Asegúrate de que las hojas estén erguidas y no tocando el líquido directamente

Consejo: guarda las hierbas en agua fría o hielo antes de usarlas para que estén más firmes

FLORES COMESTIBLES

Uso: Spritz, French 75, cócteles de autor

Aporta: delicadeza visual, color, elegancia

Paso a paso:
1. Usa solo flores 100% comestibles (pensamientos, violas, caléndulas, hibisco)
2. Lávalas con agua fría y sécalas con cuidado
3. Colócalas con pinzas sobre el hielo o la superficie del cóctel

Consejo: combina colores con la bebida (una flor violeta sobre un cóctel rosado, por ejemplo)

ACEITUNAS, CEREZAS, UVAS O PERLAS

Uso: Martini (aceituna), Manhattan (cereza), cócteles frutales

Aporta: sabor intenso, contraste visual

Paso a paso:
1. Inserta la fruta en una brocheta o colócala directamente en la bebida
2. Usa una cereza Luxardo o artesanal para mayor calidad
3. Si usas uvas o frutas dulces, puedes macerarlas previamente con licor

Consejo: en el Martini, las aceitunas pueden tener relleno (anchoa, queso, almendra, etc.) según el estilo

Por otro lado, entre los elementos decorativos más presentes encontramos:

- Frutas, vegetales y cítricos: frescos o secos.
- Hierbas aromáticas, flores, guindas, semillas, canela, nuez moscada, esferificaciones, aceitunas, chili, cebollitas encurtidas y cacao, entre otros.

Siempre que se utilicen pieles de cítricos, se recomienda que sean extraídos sobre el recipiente de servicio una vez ya se haya servido la bebida. El objetivo es que caigan los aceites naturales de la pieza de la fruta sobre la bebida y potencien su aromaticidad. Otra opción es girar la piel del cítrico sobre la bebida para extraer sus aromas.

A continuación, se presenta una lista de elementos específicos para distintos tipos de cócteles.

- **Cócteles tropicales,** como la Piña colada, Mai Tai, Zombie, Daiquiri… Predomina un estilo colorido, exótico, frutal, llamativo:
    - Triángulo o abanico de piña fresca.
    - Cereza marrasquino.
    - Hojas de piña o de palma.
    - Flor comestible (hibisco, orquídea, pensamiento).
    - Cáscara de lima en espiral.

- Brocheta de frutas tropicales (mango, papaya, maracuyá).
- Paraguas o pajillas de bambú (ecológicas).

- **Cócteles clásicos,** como el Martini, Old Fashioned, Manhattan, Negroni… Predomina un estilo elegante, sobrio, minimalista:
  - Twist de limón o naranja (bien enrollado).
  - Cereza al marrasquino o cereza Luxardo (para Manhattan).
  - Aceituna verde (para Martini seco).
  - Piel de cítrico flameada (en Old Fashioned).
  - Rodaja fina deshidratada de naranja o limón.

- **Cócteles refrescantes y long drinks**, como Gin Tonic, Mojito, Caipirinha, Tom Collins… Predomina un estilo limpio, herbal, cítrico, fresco:
  - Ramillete de menta (Mojito).
  - Rodajas o ruedas de cítricos (limón, lima, naranja).
  - Espiral de pepino (Gin Tonic).
  - Bayas frescas (arándanos, frambuesas).
  - Hojas de albahaca o romero.
  - Pimienta rosa o enebro (para gin tónicos).

- **Cócteles con espumosos,** como Mimosa, Bellini, French 75, Kir Royale… Predomina un estilo fino, burbujeante, brunch o de celebración:
  - Twist de limón (French 75).
  - Frambuesa o arándano flotando (Kir Royale).
  - Rodaja de naranja deshidratada (Mimosa).
  - Flor comestible pequeña (Bellini, Spritz).
  - Ramillete de lavanda o romero sutil.

- **Cócteles con vino,** como Sangría, Spritz, New York Sour… Predomina un estilo frutal, aromático, suave:
  - Frutas maceradas (manzana, naranja, melocotón en Sangría).
  - Rodajas de cítricos.
  - Canela en rama (para vinos especiados).
  - Cáscara de naranja en espiral (New York Sour).

- Hojas de hierbabuena.

- **Cócteles sin alcohol**, como mocktails, jugos elaborados, cocteles infantiles…
Predomina un estilo colorido, divertido, saludable:
    - Frutas frescas en brochetas (sandía, fresa, kiwi).
    - Sombrillitas o pajillas coloridas reutilizables.
    - Hojas de menta o albahaca.
    - Galleta en el borde (para cocteles con leche).
    - Bordes escarchados con azúcar de colores.

Ejemplos de decoraciones bien aplicadas:

- Mojito: Ramillete de menta aporta aroma fresco.
- Martini: aceituna o twist de limón que aporta sabor salino o cítrico.
- Margarita: sal en el borde + lima que aporta sabor, contraste y visual.
- Negroni: twist de naranja que aporta aroma cítrico, equilibrio.
- Piña Colada: triángulo de piña + cereza aporta estética tropical, visual, comestible.
- Aperol Spritz: rodaja de naranja que es visual y aromático.

2. Uso de los utensilios y herramientas para la decoración de bebidas

Para lograr decoraciones precisas, limpias y creativas, se utilizan una variedad de herramientas y utensilios específicos. Algunos ejemplos son los siguientes.

- **Cuchillo de cocina o puntilla.** Para cortar frutas, preparar rodajas, abanicos, medias lunas, pelar pieles…:
    - Elige cuchillos de hoja pequeña y afilada.
    - Úsalo con precisión para obtener cortes limpios y decorativos.
    - Ten uno exclusivo para cítricos y otro para frutas blandas.

- **Pelador o zester (rallador de cítricos).** Para sacar tiras de piel (zeste), realizar twists decorativos o aromatizantes:
  - Desliza suavemente sobre la piel del cítrico sin tocar la parte blanca.
  - Para decorar, corta en tiras más anchas con pelador; para aroma, usa el zester fino.
  - Usa el zeste sobre el cóctel para liberar los aceites esenciales.

- **Tijeras de cocina o precisión.** Para recortar decoraciones, perfilar twists o flores:
  - Da forma a la piel de cítricos o corta detalles decorativos en frutas o hojas.
  - Ideal para acabados limpios y simétricos.

- **Brochetas o palillos de cóctel.** Para ensartar frutas, aceitunas, cerezas, hierbas o combinaciones:
  - Inserta los ingredientes con cuidado para que queden estables.
  - Coloca la brocheta apoyada en el borde del vaso o sobre el hielo.
  - Variaciones: madera, bambú, metálicos o decorativos.

- **Cucharilla de bar.** Para rizar twists, manipular decoraciones, servir ingredientes flotantes:
  - Enrolla la piel del cítrico alrededor del mango para darle forma en espiral.
  - Úsala también para posicionar decoraciones en capas o mover flores flotantes.
  - Su mango largo ayuda a no contaminar la decoración con las manos.

- **Pinzas de precisión o de hielo pequeñas.** Para colocar flores, hierbas, frutas pequeñas o elementos delicados:
  - Toma la decoración con pinzas limpias y colócala con precisión donde desees.
  - Fundamental para higiene y control en coctelería profesional.

- **Platos o bandejas para escarchar.** Para contener sal, azúcar, especias o escarchados especiales:
    - Humedece el borde del vaso y presiona suavemente contra el escarchado.
    - Usa bandejas dobles (una con cítrico, otra con sal/azúcar) para eficiencia.

- **Encendedor, mechero o cerillo largo.** Para la técnica de zeste flameado (flamear aceites cítricos):
    - Sostén un zeste cerca de la llama, exprímelo hacia el fuego para caramelizar los aceites sobre el cóctel.
    - Llevar a cabo solo con práctica y seguridad; no usar cerca de alcohol de alta graduación.

- **Cortadores de frutas y moldes decorativos.** Para dar forma a frutas (estrellas, corazones, círculos):
    - Corta frutas firmes (manzana, melón, piña) con moldes metálicos de repostería.

- **Atomizador o pulverizador de esencias.** Para aplicar perfumes cítricos, herbales o espirituosos de forma fina sobre la bebida o copa:
    - Rellena con licor aromático o esencia natural y rocía sobre el cóctel.
    - Muy usado en coctelería moderna y de autor.

- **Dosificadores de jarabe o salsas.** Para aplicar trazos decorativos en el borde del vaso o sobre la bebida:
    - Llena con jarabe de granadina, chocolate, sirope de frutas.
    - Úsalo como si fuera una pluma para escribir o dibujar en la copa.
    - Ideal para presentaciones en coctelería sin alcohol o postres líquidos.

Importante

- Mantén siempre limpieza e higiene: no toques los adornos con los dedos.
- Usa utensilios exclusivos para decoración, no mezclados con preparación general.
- Ten una estación de decoración organizada con frutas, hierbas, utensilios y recipientes.
- Trabaja con precisión y coherencia estética: menos es más.

3. Identificación de frutas y otros alimentos utilizados para la decoración de cócteles

A continuación, se expone un listado completo de frutas y alimentos usados para la decoración de cócteles, con usos comunes y ejemplos de presentación.

FRUTA	USO	PRESENTACIÓN
Limón/lima	Refrescantes, clásicos, tropicales	Rodajas, medias lunas, twists, zeste
Naranja	Clásicos, dulces, especiados	Rodaja, abanico, espiral, zeste flameado
Cereza	Manhattan, Old Fashioned	Entera (normal o tipo marrasquino)
Piña	Tropicales (Piña Colada, Mai Tai)	Triángulos, hojas, brochetas
Fresa	Dulces, espumosos	Entera, en abanico, en el borde
Kiwi	Exóticos, tropicales	Rodajas, medias lunas
Sandía/melón	Refrescantes, verano	Bolas con sacabolas, rodajas decorativas
Manzana/pera	Cócteles con canela, vino	Laminada, abanico, deshidratada
Frambuesa/mora/arándano	Decoración visual	Enteras, en brocheta, flotando
Uvas	Spritz, cócteles con vino	Enteras en brocheta o solas

OTROS ALIMENTOS	USO	PRESENTACIÓN
Menta/hierbabuena	Mojito, Julep, tés fríos	Ramillete fresco o hoja suelta
Albahaca	Cócteles herbales o cítricos	Hoja entera
Flor comestible	Cócteles gourmet y espumosos	Flotando, sobre hielo o brocheta
Canela en rama	Cócteles cálidos o especiados	Entera en el vaso
Clavo de olor/anís estrellado	Especiados	Flotando o clavado en fruta
Chocolate rallado/cacao	Postres líquidos	Espolvoreado o en escamas
Jengibre	Cócteles con ron, vodka o sake	Láminas finas, escarchado o caramelizado
Azúcar/sal coloreada	Bordes decorados	Escarchado

Resumen

Decorar un cóctel no es solo embellecerlo, es un acto técnico y sensorial que debe cumplir criterios de funcionalidad, proporción, higiene, armonía y sostenibilidad. La decoración debe complementar la bebida sin dificultar su consumo, y debe estar elaborada con ingredientes comestibles y frescos.

Las técnicas más comunes incluyen el escarchado de copas, el uso de rodajas, twists o zestes cítricos, frutas en brocheta, ramilletes de menta, flores comestibles, aceitunas o cerezas. Cada tipo de cóctel (clásico, tropical, refrescante, espumoso, sin alcohol) tiene su estilo decorativo característico.

Además, es clave emplear utensilios específicos como cuchillos, peladores, pinzas, zesters, moldes decorativos o atomizadores, siempre con limpieza y precisión. La sostenibilidad también juega un papel importante: se recomienda evitar plásticos de un solo uso y aprovechar ingredientes de temporada o sobrantes.

U. A. 6. Realización de la decoración de cócteles y bebidas

Glosario

Escarchado

Técnica decorativa que consiste en impregnar el borde del vaso con azúcar, sal u otras sustancias para aportar sabor y presentación.

Garnish

Término en inglés para referirse a la decoración de un cóctel, que complementa aroma, sabor y aspecto visual.

Mise en place

Preparación previa y organizada del puesto de trabajo con ingredientes y utensilios listos para decorar.

Twist

Tira de piel de cítrico enrollada que se usa como decoración elegante y aromática.

Zeste

Fragmento fino de piel de cítrico exprimido sobre el cóctel para liberar aceites aromáticos.

Ejercicios de autoevaluación

1. ¿Qué función cumple principalmente el garnish en un cóctel?

a. Es únicamente estético.

b. Aumenta el volumen del cóctel.

c. Completa la experiencia sensorial del cliente.

2. ¿Qué norma básica debe cumplir toda decoración?

a. Debe llevar flores artificiales.

b. Debe ser llamativa y recargada.

c. Debe ser comestible o segura para la bebida.

3. ¿Cuál es el uso típico del escarchado de copa?

a. Decorar cócteles calientes.

b. Añadir sabor y efecto visual en el borde.

c. Sujetar rodajas de fruta.

4. ¿Qué elemento decorativo se utiliza tradicionalmente en un Martini?

a. Menta fresca.

b. Aceituna.

c. Triángulo de piña.

5. ¿Cuál es la diferencia entre un twist y un zeste de cítrico?

a. El twist es más aromático.

b. El twist es decorativo y el zeste se exprime para aroma.

c. El zeste es de flores, el twist de fruta.

6. ¿Qué herramienta se usa para extraer tiras finas de piel de limón?

a. Pinza.

b. Brocheta.

c. Zester.

7. ¿Qué fruta se recomienda usar en cócteles tropicales como la Piña Colada?

a. Cereza marrasquino.

b. Triángulo de piña fresca.

c. Uvas verdes.

8. ¿Cómo deben manipularse los elementos decorativos por higiene?

a. Con la mano limpia.

b. Con pinzas o guantes.

c. Solo con cucharilla.

9. ¿Qué se recomienda para conservar las hierbas frescas antes de usarlas?

a. Sumergirlas en agua caliente.

b. Guardarlas en agua fría o con hielo.

c. Congelarlas.

10. ¿Qué tipo de decoración es más adecuada para cócteles infantiles o sin alcohol?

a. Twist de cítricos.

b. Ramillete de menta.

c. Azúcar de colores y frutas frescas.

Aplicaciones prácticas

Aplicación práctica 1. Check-list

Unidad de aprendizaje 3: Explicación de la cristalería: tragos cortos y largos

Vuestro encargado os pide ayuda para elabora una check-list con los pasos a seguir para una correcta puesta a punto de la estación central en un bar de copas o coctelería. Elabora un ejemplo de check-list.

Aplicación práctica 2. Normas deontológicas

Unidad de aprendizaje 4: Relación de las normas para el servicio: bases; series y cócteles internacionales

En el caso de estar trabajando en un establecimiento de bar o coctelería, ¿cuáles serían las normas deontológicas y responsabilidades necesarias que considera más importantes? Enumera una lista de al menos 10.

Aplicación práctica 3. Recomendación de cócteles

Unidad de aprendizaje 4: Relación de las normas para el servicio: bases; series y cócteles internacionales

Si en un servicio un/a cliente/a nos pide un licor que contenga vainilla, ¿cuál le podríamos recomendar?

Aplicación práctica 4. Servicio en barra

Unidad de aprendizaje 4: Relación de las normas para el servicio: bases; series y cócteles internacionales

Llegan clientes nuevos a vuestro establecimiento y solicitan servicio en barra. ¿Qué pasos debemos seguir para realizar un adecuado servicio en barra a nueva clientela en nuestro bar?

Aplicación práctica 5. Elaboración de cócteles

Unidad de aprendizaje 5: Explicación de la coctelería por series

Un grupo de jóvenes nos pide una jarra de rebujito para 4 personas. Indica los recipientes e ingredientes necesarios para elaborarlo.

Aplicación práctica 6. Cócteles sin alcohol

Unidad de aprendizaje 5: Explicación de la coctelería por series

Imagina que un cliente nos pide recomendación sobre algún cóctel sin alcohol y nutritivo. Indica cuál le recomendarías y detalla el método de elaboración, los ingredientes, cantidades, recipiente de servicio y decoración.

Ejercicio de evaluación final

1. ¿Cuál es considerado el primer cóctel de la historia?

a. Dry Martini.
b. Old-fashioned.
c. Manhattan.

2. Conocido como "El Profesor" y reconocido como el padre de la coctelería moderna:

a. Robert Adamas.
b. Jerry Thomas.
c. Antoine Amadae-Peychaud.

3. ¿En qué año se fundó I.B.A?

a. 1950.
b. 1961.
c. 1951.

4. ¿Cuál es el término apropiado para referirnos a la persona experta en ofrecer espectáculos, como acrobacias con botellas además del servicio de bebidas?

a. Bartender.
b. Barmaid.
c. Flair bartender.

5. ¿Cuáles son los correctores más característicos?

a. Bebidas refrescantes.
b. Licores o cremas de licor.
c. Todas son correctas.

6. ¿Cuál es el primer paso a realizar antes de la elaboración y servicio de cócteles?

    a. Enfriar los recipientes.

    b. Mise en place o puesta a punto.

    c. Limpiar los utensilios.

7. ¿Por qué queda totalmente prohibido incorporar bebidas gasificadas en la coctelera?

    a. Porque evita el enfriamiento.

    b. Porque pierde las propiedades organolépticas.

    c. Porque podría explotar al agitarla por motivo del gas carbónico.

8. ¿Cuál es el motivo de utilizar ingredientes amargos en cócteles de aperitivo?

    a. Que el amargor reduce el apetito.

    b. Que el amargor ayuda a la digestión.

    c. Que el amargor estimula el apetito.

9. ¿Cómo se llama el ingrediente principal de un cóctel?

    a. Base.

    b. Modificador.

    c. Corrector.

10. Elige la respuesta correcta. El objetivo del elemento corrector de un cóctel es:

    a. Aportar o variar el color.

    b. Rectificar el contenido alcohólico, densidad y/o textura.

    c. Todas son correctas.

11. ¿Cuál de estos cócteles se sirve caliente?

    a. Café jamaicano.

    b. Bellini.

    c. Golden Dream.

12. ¿Cuál de las siguientes no es un tipo de coctelera?

    a. Clásica.

    b. Manhattan.

    c. Boston.

13. La función del jigger es:

    a. Majar.

    b. Mezclar.

    c. Medir.

14. ¿Cuál de los siguientes cócteles se sirve en vaso huracán?

    a. Caipirinha.

    b. Tequila sunrise.

    c. Singapur Sling.

15. ¿Qué significa la palabra brandy?

    a. Vino quemado.

    b. Vino macerado.

    c. Alcohol quemado.

16. ¿Dónde es producido el pisco?

a. En Argentina.

b. En Perú y Chile.

c. En Paraguay y Chile.

17. ¿Qué significa "Straight" en la etiqueta de un whisky?

a. Que tiene menos de 40º de alcohol.

b. Que ha sido producido en Irlanda, EE.UU. o Canadá.

c. Que no ha sido mezclado.

18. ¿Cuál de los siguientes no es un licor de hierbas?

a. Marrasquino.

b. Jägermeister.

c. Pacharán.

19. ¿Cuáles son los ingredientes del cóctel Andaluza?

a. Vino fino o manzanilla, zumo de naranja y jarabe de azúcar.

b. Vino fino o manzanilla, zumo de tomate y jarabe de azúcar.

c. Brandy, zumo de naranja y azúcar.

20. Elige la respuesta correcta. El cóctel que contiene más ingrediente es:

a. Grasshopper

b. Long Island.

c. Destornillador.

21. ¿Cuál de los siguientes es un cóctel con burbujas?

    a. Mimosa.

    b. Champagne.

    c. Todas son correctas.

22. La palabra Virgin delante del nombre de los cócteles más conocidos significa que:

    a. Es reducido en calorías.

    b. Es sin alcohol.

    c. Tiene mayor cantidad de azúcar.

23. Los cócteles de la familia Sours se decoran con:

    a. Hierba buena.

    b. Rodaja de limón.

    c. Gotas de angostura.

24. ¿Cuál de estas técnicas puede ser especialmente peligrosa?

    a. Escarchado.

    b. Dry shake.

    c. Blue Blazer.

25. ¿Cuál de los siguientes cócteles tiene una versión flambeada?

    a. B-52.

    b. Americano.

    c. Darck 'n' Stormy.

26. ¿En qué consiste la técnica de muddling?

a. En flambear algún ingrediente.

b. En majar o machacar algún ingrediente.

c. En utilizar técnicas de escanciado.

27. ¿Qué se conoce en coctelería como zeste?

a. Planta aromática.

b. Golpe o movimiento que realizamos al inclinar la botella.

c. Cáscara o piel fina de cítricos.

28. ¿Cuál de los siguientes cócteles sin alcohol es decorado con rodaja de limón y apio?

a. San Francisco.

b. Shirley Temple.

c. Virgin Mary.

29. ¿Cuál de las siguientes es una técnica de la coctelería molecular?

a. Esferificaciones.

b. Carbonatación.

c. Todas son correctas.

30. Elige la respuesta correcta:

a. El cóctel Manhattan se elabora en coctelera.

b. El cóctel Manhattan se elabora en vaso mezclador.

c. El cóctel Manhattan se elabora directamente en el recipiente.

Solucionario

U. A. 1. Explicación de la coctelería: orígenes, diseños y utillaje

1. b	**6.** c
2. b	**7.** b
3. a	**8.** b
4. b	**9.** a
5. c	**10.** a

U. A. 2. Diseño de la oferta de bebidas

1. b	**6.** a
2. b	**7.** c
3. c	**8.** b
4. c	**9.** c
5. b	**10.** b

U. A. 3. Explicación de la cristalería: tragos cortos y largos

1. b	**6.** a
2. b	**7.** b
3. c	**8.** b
4. b	**9.** b
5. c	**10.** b

U. A. 4. Relación de las normas para el servicio: bases; series y cócteles internacionales

1. c	**6.** b
2. b	**7.** b
3. b	**8.** b
4. b	**9.** b
5. c	**10.** b

U. A. 5. Explicación de la coctelería por series

1. b	**6.** c
2. c	**7.** b
3. b	**8.** a
4. b	**9.** c
5. b	**10.** b

U. A. 6. Realización de la decoración de cócteles y bebidas

1. c	**6.** c
2. c	**7.** b
3. b	**8.** b
4. b	**9.** b
5. b	**10.** c

Bibliografía

Monografías

DE LA RIVA GARCÍA, JOSE ÁNGEL (2012). *Bebidas*. Vigo, España: Ideas Propias.
Gracias a este manual podemos ampliar nuestros conocimientos sobre la preparación y las técnicas elementales de elaboración de bebidas y aperitivos. Además, conoceremos los procesos de presentación y conservación, el uso de los equipos, útiles y menaje propios del bar.

GARCÍA ORTIZ, F., GARCÍA ORTIZ, P.P. Y GIL MUELA, M. (2016). *Operaciones básicas y servicios en bar y cafetería* (2º edición). Madrid, España: Ediciones Paraninfo.
En esta nueva edición ampliada y actualizada se desarrolla una detallada e imprescindible guía de consulta sobre la profesión de barman y el mundo de las bebidas de manera pormenorizada. La última unidad trata el arte de la coctelería y aporta un recetario que recoge las mezclas más famosas y las tendencias actuales en el plano internacional.

M. JACKSON (2011). *El atlas del whisky*. Madrid, España: Susaeta Ediciones.
Esta guía, elaborada por el renombrado especialista M. Jackson, nos ofrece todos los conocimientos sobre la mejor bebida espirituosa del mundo, desde sus orígenes hasta la actualidad, descubriendo sus aromas, sabores y secretos.

MERCADO FUSTER, D. (2021). *Procesos de Servicios en Bar-cafetería*. Madrid, España: Ediciones Paraninfo.
El libro de Procesos de servicios en bar-cafetería desarrolla todos los contenidos necesarios para conocer los principios del funcionamiento de los establecimientos de bar y cafetería. El autor, Diego Mercado Fuster, es técnico superior y profesor de la especialidad de Dirección de Servicios de Restauración y tiene una formación muy completa en coctelería entre muchos otros aspectos.

MONTAIGNE, P. Y LUIS ADURIZ, A. (2015). *Larousse Gastronomique en español.* Madrid, España: Editorial Larousse.

> Este libro ilustrado, que apareció por vez primera en 1938 redactado por el famoso cocinero francés Prosper Montagné, resulta imprescindible para conocer la cultura y la tradición gastronómica. Esta versión en español está adaptada a la realidad de nuestro país y cuenta con la introducción del chef Andoni Luis Aduriz, cuyo restaurante Mugaritz es considerado uno de los mejores restaurantes del mundo. Encontraremos más de 4.000 artículos y recetas, muchas de ellas firmadas por los chefs más prestigiosos de la cocina francesa, española e internacional (Alain Ducasse, Pierre Hermé, Alain Dutournier, Adrià, Arzak, Berasategui, Arola, Ruscalleda, Subijana, Roca, etc.).

ROSER VIVES, S. Y HERRERO ARROYO, G. (2014). Operaciones y procesos en los servicios de bar y cafetería. Madrid, España: Editorial Síntesis, S.A.

> En este libro encontramos tres bloques temáticos fundamentales: tipos de establecimientos de cafetería y bar, puesta a punto y montaje de los diferentes servicios, y elaboración y servicios de las principales bebidas. Además, también nos ofrece las últimas tendencias como el "perfect Gin&Tonic", con las principales ginebras "Premium" de moda en la actualidad.

Webgrafía

Cócteles sin alcohol

https://www.20minutos.es/imagenes/gastronomia/recetas/10-cocteles-sin-alcohol-faciles-5076675/1/

Federación de Asociaciones de Barmans españoles

https://fabebarmans.com/historia/

Funciones de un bartender

https://www.cocacolaep.com/es/al-dia/blog-rojo-y-en-botella/2023/que-es-bartender-funciones/

International Bartenders Association

https://iba-world.com

Mixología molecular

https://www.escuelacocteleria.es/la-mixologia-molecular-la-ciencia-detras-de-loscocteles-sorprendentes/

Super Camarero

https://www.supercamarero.com/2020/11/tipos-de-hielo-para-cocteleria.html

Utensilios de coctelería

https://espadafor.es/utensilios-de-cocteleria/

Legislación

Real Decreto 650/2011, de 9 de mayo, por el que se aprueba la reglamentación técnico-sanitaria en materia de bebidas refrescantes.

Reglamento 2019/787 del Parlamento Europeo y de Consejo, de 17 de abril de 2019, sobre la definición, designación, presentación y etiquetado de las bebidas espirituosas, la utilización de los nombres de las bebidas espirituosas en la presentación y etiquetado de otros productos alimenticios, la protección de las indicaciones geográficas de las bebidas espirituosas y la utilización de alcohol etílico y destilados de origen agrícola en las bebidas alcohólicas, y por el que se deroga el Reglamento (CE) nº 110/2008.